池田清彦
Kiyohiko Ikeda

国家は葛藤する

「いい加減」で乗りきれ！
日本の未来

Tatsuru Uchida
内田 樹

ビジネス社

はじめに

池田清彦

内田樹さんとは短い対談を何度かしたことがあったが、今回少し長い対談をして、日本をどう立て直すべきか、という構想がよく似ていることを知って愉快であった。

内田さんも私も「いい加減」にやろうという考えなのである。「いい加減」って何となくネガティヴなコトバのように聞こえるが「良い加減」と発音すると、いきなりポジティヴなコトバになるから不思議だ。同じことなんだけどね。

「いい加減」とは無矛盾性を追求しないで、今使える社会的リソースを駆使して、人々が今より多少とも幸せになるには、とりあえず何が一番緊急の課題かという、すぐれてプラグマティックな方法論なのだ。

多くの日本人はかなり真面目なので（相当なおバカという意味でもあるが）、首尾一貫性をとても良いことのように思っている人が多いけれども、状況は刻々と変わるのだから、首尾一貫性は滅びへの道なのである。

太平洋戦争は典型で、一度決めたことを変えることができなかったので、戦況が悪くなっても戦争継続以外の選択肢に目を塞ぎ、ひたすらクラッシュに向かって突き進んだ。結果310万人もの日本人が殺されたわけだからひどい話である。今、規模が小さいとはいえ、大阪万博も同じ道を歩んでいるように見える。アメリカの哲学者のエマソンは「首尾一貫性は小人の心に宿るお化けみたいなものだ」と喝破している。「いい加減」の価値を知らない日本人にはエマソンのコトバは理解不能かしらね。

「いい加減」でない人は損切りができない。今までつぎ込んだ資金や努力を捨てることができない。ここでやめたら今までの努力が水の泡だから、もっと頑張らなければ、というパトスは滅びへの道だ。太平洋戦争を途中で切り上げられなかったのも、ここで白旗をあげたら今までに戦死した兵士の命が無駄になるという思いに拘泥したためだ。それで、それまでとは桁違いの人が亡くなったのだ。

歴史が我々に教える最大の教訓は、すべての政治システムは崩壊するということだ。長い歳月に耐える政治システムは存在しない。システムに合わせて状況が変わるわけではないので、状況が変わればそれに合わせてだましだまし生き延びるほかはない。

私事になるが、結婚式のとき（結婚式の費用は親父が金を出してやるから、やれというのでイヤイヤやったのだ）、牧師がムニャムニャと御託を並べて、最後に「永遠の愛を誓いますか」聞いた。女房は「はい」と言ったが、私は「わかりません」と言って、牧師はちょっとびっくりしたようだった。私の友人の昆虫分類学者は、自分が記載した新種の虫の学名に奥さんの名前を付けたが、しばらくして離婚した。学名は永遠だが、愛は永遠ではないのである。

「君が代は千代に八千代に……」と続くわけだが、永遠という甘美な響きは頭の中にだけある妄想であって、騙されると痛い目にあう。ヒトの個体の寿命はせいぜい100年、人類という種の寿命はせいぜい200万年。未来永劫のことを考えても詮無《せんな》いのだ。余命が50年の人は50年つつがなく生きられる方途を考えるのが一番重要で、100年後のことを考えるなとは言わないが、未来のために今の生活を犠牲にするのは本末転倒だ。

瀕死の病人は、とりあえず命が助かることが最重要課題であって、それ以外のことは命が助かってから考えればいいのだ。というわけで、内田さんとは今の日本が直面している待ったなしの問題のいくつかについて意見を交換した。食料問題、少子高齢化問題、日本の国力がノンストップで下がり続けている根本原因、教育の崩壊をどう立て直すべきか、日本人のコモンセンスをどのように担保するか、などなど。

私が今一番心配しているのは食料自給率が38％しかないという現状だ。内田さんもこれについては異存はないと思う。国民の生活にとってもっとも大事なものは食料である。気候変動や、火山の大爆発によって、世界的な食糧難になったときに、自給率38％はいかにも危うい。食糧輸出国でも自国民の食料が足りなくなれば、日本に売る分はないというに違いない。そうなると日本人の半分は飢えに直面するだろう。私の試算では減反前にコメの生産量を戻せば、自給率は60％近くまで回復する。これは早急にやるべきだ。軍事費をいくら増強しても、戦闘機は食えない。

少子高齢化は期間限定の問題で、あと15年〜20年もたてば、自然に解消されるので、恒久的なシステムを作らずに、その間だけ老人にベーシックインカムを配るなどのアド・ホック（一時しのぎ）な政策で乗り切ればよい。これも「いい加減」の見本のような話だけれど、内田さんは賛成してくれるだろう。

日本が、天皇制と立憲デモクラシーという矛盾する統治原理を上手く折り合わせるにはどうすべきかも、この対談の重要な論点だ。過激なリバタリアンの私は、究極のところでは天皇制に反対だけれども、天皇は日本人のコモンセンスの範例としてとても優れているので、とりあえずは潰さないほうが賢そうだ。二つの矛盾した統治原理を、矛盾したままでだましだまし使うというのが「いい加減」の極致のやり方で、矛盾を解消しようと思うと大体、碌《ろく》なことにはならないのだ。

はじめに　池田清彦　3

第1章

政治家の劣化が加速し迷走する日本

日本の食料自給率38％は政府の意向　12
政権交代はあるか？　15
小選挙区制は失敗だった　21
同性婚が認められ始めたのは統一教会弱体化の影響か　25
70年代から人材獲得に精力的だった統一教会　28
おそまつな国民の情報管理　32
法人優遇、消費税増税のわけ　36
コロナワクチン接種と全死亡率の因果関係をなぜ検証しないのか　40

第2章

日本の岐路、あり得た未来を考える

明治政府による日本の「あいまいさ」の消失 …… 50
ミッドウェー海戦で白旗をあげていれば北方領土問題はなかった …… 55
戦争を始めるにあたり国家戦略がなかった日本 …… 63
ダメージをミニマムにする発想のない日本の官僚 …… 67
バブル以降も株価に踊らされる貧乏な日本人 …… 69
なぜ日本は貧乏くさい国になったのか …… 75
狩猟民に学ぶ財産の使い方 …… 79
「オギャーと言ったら7万円支給」システムが日本経済を立て直す …… 83

第3章

葛藤国家・日本の誕生

学生運動がさかんだったのは学生の生活にゆとりがあったから …… 90
「日米安保反対」は正しかった …… 94

トランプが大統領になったら日米安全保障条約は廃棄されるか 98
「国家像」を見失った日本 109
日本の統一軸となりうるもの 117
今の日本はタガが外れた国難的危機状態 122
日本には外国人を受け入れる社会的成熟度がない 128

第4章

エリート教育に失敗した日本

日本にはスティーブ・ジョブズは生まれない 136
優秀な人材の海外流出 139
受験秀才より「運がいいやつ」を登用していた 144
「共身体」を重視した英国のエリート教育 147
学校で教える「前へ倣え」は軍事訓練から始まったもの 150
スポーツ、武道からコミュニケーションを学ぶ 154
研究の醍醐味は他人の評価ではない 158
校則・規則の作りすぎが子どもをダメにする 162

第5章

葛藤国家・日本の未来

なぜ日本ではイノベーションが起こせないのか……170
経済力を国力の指標にしたことで近視眼に……174
貧乏くさくなった経済人のマインド……176
自分探しをする若者が増えたのはなぜか……181
誰も考えない「日本の行く末」……184
在日米軍基地撤退が日本の転機となるか……186
中国人に日本の土地を買い占めてもらうのも安全保障上悪くない……192
日本も仏教国からイスラム教国となるか……197
ベーシックインカムで地方の過疎化、超高齢化社会は解決……199
日本は世界に類を見ない葛藤国家であることに唯一性がある……209

おわりに　内田樹……216

第1章

政治家の劣化が加速し
迷走する日本

日本の食料自給率38％は政府の意向

池田 最近、僕がいろいろなところで言っているテーマなんですけど、日本の食料自給率が38％（カロリーベース、2022年）だって知っていますか？

内田 お米はあるんですよね？

池田 米もない。米を作らないから自給率が減っちゃった。

減反する前の水準に戻せば、僕の計算では自給率は60％になる。それでも60％。戦後1946年の深刻な食料不足のときさえ、88％もあったんだよ。それを政府は作っても売れないから作るのをやめろと言って、やめた人にお金を払ったからここまで減っちゃった。

作って日本で売れなければ外国に安く売ればいいのに。東南アジアにも米を食べる国がいっぱいあるから安く売ればいいいんだよ。

内田 安くした分は政府が補填《ほてん》する。

池田 そう、その分、政府が金を出せばいい。買い上げるときは普通に買い上げて、日本で売れないときは外国に安く売ればいい。

それでいざ事が起きたときには「日本人も今は大変なんだ」って言って、作った米を自国の

日本の食料自給率

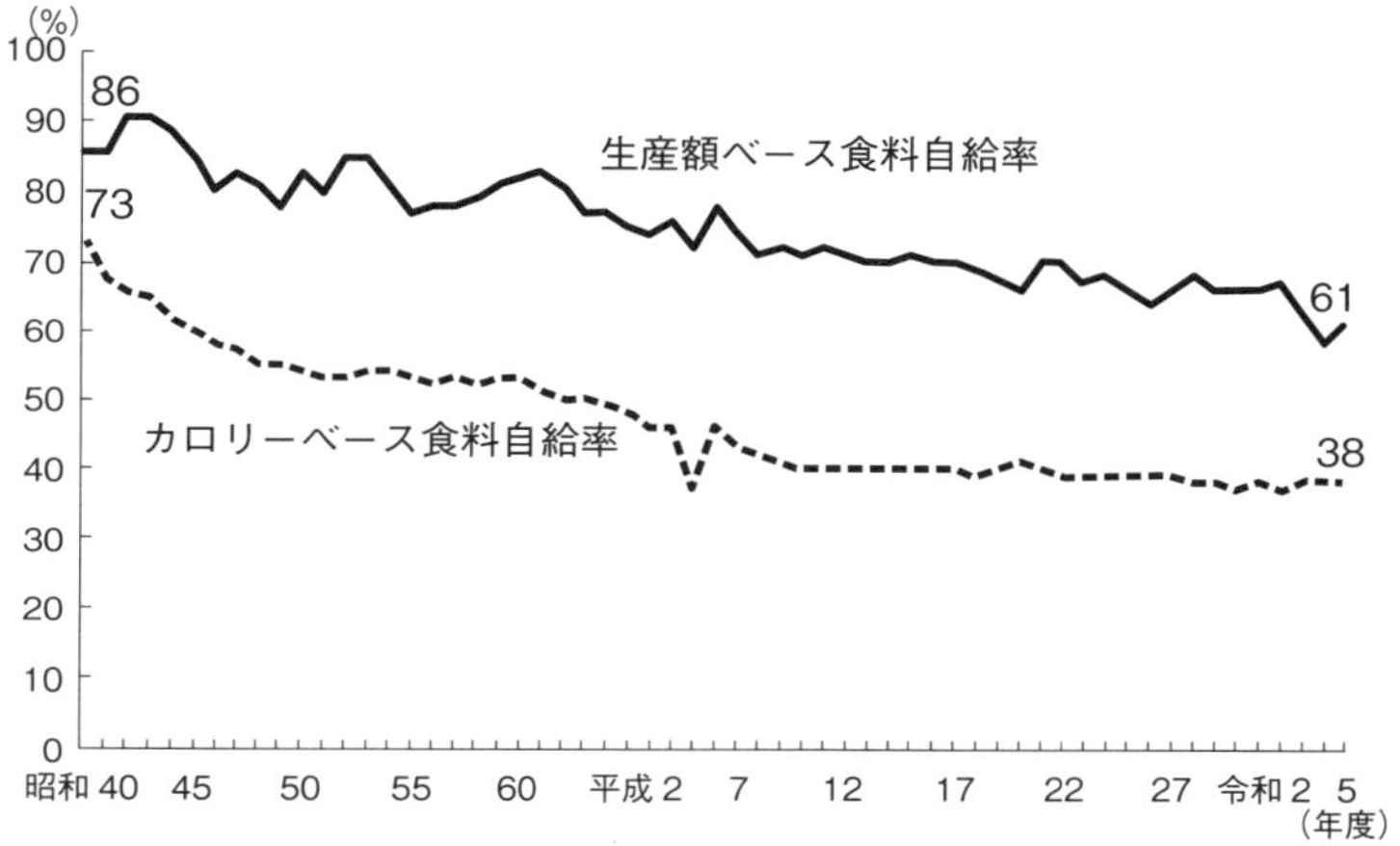

農林水産省調べ

日本人に回せばいい。しかし、生産量自体が少ないと、どうしようもない。

　アメリカの食料自給率が１１５％で１００％以上なのは外国に売って、輸出しているから。アメリカだって自国で必要になったら外国に出している分を自分たちで使うだろうから、そうすると世界的な飢饉《ききん》が起きたら日本は全然駄目です。まずいよ、これは。

　今、中国もかなりまずい。中国もあんまり自給率が高くないから。台湾も韓国もあんまり高くないよね。ヨーロッパは賢くて、フランスは農業国だから自給率１１７％あります。

内田　ＥＵの農業国はおおかたそうですね。

池田　カナダ、オーストラリアとかも。イギリスでさえ自給率54％ぐらいはある。

内田　なんで日本だけそんなに異常に低いんで

すか？

池田　日本で作るよりも輸入した食料のほうが安いから。

内田　金の問題ですか。

池田　金の問題だよ。それで輸入業者が稼いでいる。日本の食べ物と輸入の食べ物のどっちが安いかといったら輸入のほうが全然安いわけでしょ。それで輸入のものばかり売れると、日本の生産者は太刀打ちできないからつぶれていくわけじゃないですか。

政府はそうしたほうが自分たちがもうかる。結局、外国から輸入するのには、大企業を通して輸入するからバックマージンみたいなのがあるんじゃないかな。

内田　そうでしょうね。

池田　グローバルキャピタリズム（資本主義の世界市場支配）に加担している自公政権とか日本維新の会もそうかもしれないけど、彼らは日本の農家を守ろうという気はまったくないでしょ。食物を輸入して自分たちがもうかればいいってことだろうね。そんなことしか考えてないと思う。

最近、どうも怪しいと思うのは、日本は外国にすごく援助しているでしょ。あれ、バックマージンがあるんだよ、きっと。

内田　なるほど。外国で「ダムを作って」とか言われた場合、金は日本政府が出すけれど、ダムは日本のゼネコンが作るわけですよね。

池田　そうそう。日本のゼネコンに作らせて、そこから一部を自分たちがもらう。

内田　でしょうね。

池田　今年1月の能登半島地震で被災した人にお金を出してもバックマージンがまったく入らないから、お金を使ったってどうしようもないと思ってる。

だから適当な名目つけて外国にどんどんお金をあげるのは、自分たちがもうかることしか考えてないってことだね。

政権交代はあるか?

池田　本当に日本はどうしようもない国になったね。政治家の劣化が激しい。まだ20年、30年ぐらい前は少しは日本のことを考えるような人もいたけど。

内田　この20年ですね、劇的に劣化したのは。

池田　ほとんどがこの20年だね。

安倍政権になってから極端にひどくなったけど、その前からひどかった。とにかくどうしようもなくなった、そういう意味では。

内田　でももうそろそろ終わるんじゃないですか。さすがに自公連立政権も。
池田　もう終わるというか、もうつぶれてるね。
内田　もう復元力がないですから。遠からず政界再編ということになると思います。今、日本維新の会は自民党の過半数割れを願っているでしょう？　自民が過半数割れしたら、自公維、あるいは国民民主党も入れて連合政権を作れば、維新からも大臣を出せるかもしれないと思って。変な話ですけれども、自分たちが自民党の政権に参加するために、取りあえずは自民党の足を必死に引っ張っている。
池田　取りあえずね（笑）。
　自民党と考えていることは似たようなものだから、自民党がこけたら自分たちが自民党が今取ってる議席を少しもらって……。
内田　自民党がこけたら、自分たちも政権与党のうまみにあずかりたいという人たちがあちこちからぞろぞろ出てくるんじゃないかな。
　今総選挙をやれば、自民党は間違いなく過半数を切ると思います。与党でいたければ維新や国民民主を巻き込んだ連立政権しかない。でも、この連立政権って、今の自公連立政権よりももっとたちが悪いものになると思うんですよね。野党だった政党が政権与党になれば「与党のうまみ」を味わって、やりたい放題のことを始めるでしょう。だから、自民党は第一党ではあるけれど、政権をグリップできずに政策的には迷走する。この延命のためだけの政権で自民党は政党としての信頼を決定的に失う。そんな気がしますね。

池田　まあ、そうだろうね、きっと。

内田　その後にまた別の新しい組み合わせが出てくる。それが5年後、10年後だったらもう日本の没落に間に合わないので、修正するとしたらここ1～2年のうちですね。

池田　う～ん。ただ与党も総選挙でぼろ負けすると、延命どころじゃなくなるからな。だからそれをどうやって読むかってということだよね。

内田　政権交代はあると思いますか？

池田　政権交代は難しいところだね。維新も伸びないね。

内田　維新はもう限界だと思いますよ。大阪万博の歴史的失敗で政党としての質の悪さが暴露されたから。

池田　万博はどうしようもないよ。

もうちょっと立憲民主党を真面目にたたき直せば政権交代してもいいと思うけど、今のままだとちょっとなあ。

内田　立憲民主党には僕はあまり期待できないな。広々とした国家ビジョンが提示できないんです。野党の取柄《とりえ》って、できるかできないかはわからないけれど、非現実的でもいいから、日本の進むべき未来像を提示することじゃないですか。自民党は前回下野したときに改憲草案を出しましたよね。すさまじく反動的な内容だったけれど、十分に「非現実的」ではあった。ある意味ではそのおかげで政権に復帰できたということがあったと思うんです。今の野党はそれをしないで、むしろ「現実的な」政党になろうとしている。でも、今の日本で「現実的」というのは「対米従属」を与件として丸呑みするということですからね。

池田　山本太郎（れいわ新選組）が一番ましだけど、ちょっとエキセントリック過ぎて、普通の人が付いていけないようなところがあるから。

政治っていうのは妥協だから、もうちょっと妥協したらいいと思うんだけど、なかなか妥協しないところがあって大変だと思う。

内田　政権交代には、「バルカン政治家」（状況に応じて敵味方を変えていく政治家）的なキーパーソンが必要なんですよね。武村正義（元大蔵大臣）や小沢一郎は臨機応変に誰も思いつかなかったような組み合わせを思いついて、「その手があったか」と膝《ひざ》を打つということがありましたけれど。そういう大きな仕掛けをする人が今はいないですね。

池田　いない。困ったなと思ってる。

内田　政権交代のチャンスなんですけどね。

池田　ほんとうにチャンスなんだけど、変なことになると維新が入ってくるでしょ。公明党はどんどん落ちぶれてきているし。れいわもネットで世論調査すると結構いくけれど、実際どこまで議席を取れるか。お金がないから候補者を立てられない。その辺が難しいところだな。れいわが真面目に立てれば、20議席ぐらいは取れそうな雰囲気はあるんだけどね。

どこかと組むといっても共産党とも仲悪いし、立憲民主党とはけんかしちゃったし。あとの弱小政党は、ほとんど訳がわからないでしょ。参政党はほとんど極右みたいな政党でしょ。あとN党（NHKから国民を守る党、現在の名称はみんなでつくる党）とか。

だから受け皿がない。困ったよな。僕が困ったところでしょうがないけど。本当に小沢一郎があと15年ぐらい若ければ、何か考えたと思うけど、なかなかそうもいかない。

内田 小沢一郎は、以前、山本太郎を担いで一緒にやってましたから。

池田 山本太郎を担ぐのはいいんだけど、マスコミが国民に悪いイメージを植え付けているから、それをうまく払拭すればいいんだけど。何とかもうちょっと普通の人ですよみたいなアピールをすればいいんだろうけど。山本太郎も意固地なところがあるよな、すごく。

内田 あのいささか原則的な態度はかなりわざと演じてるところもあると思いますよ。実際の山本太郎ってすごくソフトで、気づかいの行き届いた人ですから。

池田 演説するときは、ああやるしかないからやっているんだろうけれど、実際話せば普通の人です。

内田　凱風館《がいふうかん》にも来てくれたことがあって、対談した後に一緒に中華を食べに行ったんですけど、自分がさっと立って、スタッフの人たちの分までお皿に取りわけてあげているのを見て、なんていい人なんだと思いました（笑）。

福島みずほ（社民党党首）さんもそうですよね。テレビに出るときは頑固一徹なリベラリストという役を演じてますけれど、素のときはスマートで愉快な人ですよ。政治家って、多かれ少なかれ、役割を演じているんです。そういうバーチャル・キャラクターを設定して、毀誉褒貶《きよほうへん》はその「作り物」のところに集中するようにしていないと、たぶん私生活でメンタルが維持できないからなんでしょうけど。

政権交代がいつあるか、どういう組み合わせであるか、僕には見当もつきませんね。ただ、「見当もつかない」というときに「ああ、その手があったか」と膝を打つような手を思いついた人がイニシアティブを握るということにはなると思いますが。

池田　政権交代は次の総選挙次第だけれども、自民党が過半数に達しなければもちろん、ほんのわずか過半数を超えても連立政権を再編成して、新しい政権が発足するだろう。そこに公明党は入っていないかもしれないね。

しかし、内田さんが言うようにこの政権はすぐにつぶれて、その後どうなるかが問題だ。

小選挙区制は失敗だった

池田　日本の転換点は、１９９６年の衆院選から小選挙区制にしたことだろうな。

内田　そうですね、あのとき、小選挙区制になると何が起きるか、ちゃんと見通していた人はいなかったんじゃないですか。

池田　細川護熙《もりひろ》政権（１９９３年8月〜94年4月）のときに、社会党委員長の村山富市や衆議院議長をやっていた土井たか子と、この３人がだまされて小選挙区制にしたんですよ。

内田　村山さんも土井さんもいい人ですからね……。

池田　これはだまされるんじゃないかって僕は言ってたんだけど、完全にだまされて、その後しばらくしてから結局自民党がずっと政権を取り続けた。中選挙区制にしていれば……。

内田　実際の政党支持率と議席数がそれなりに相関しますからね。

池田　そうすると憲法改定とかも、とにかく3分の2は超えないのに。

　あれはやっぱり一つの転機だったね。あのときに頑張って中選挙区制を維持していれば、ここまでひどくならなかった。

内田　とにかく小選挙区制度を変えなきゃいけないと思います。今みたいに比例での絶対得票

「義務投票制度」で投票率はほぼ90％！

率の2割しか取れない自民党が議席占有率6割なんていうのはほんとうによくないです。民意を反映した政体ではないんですから。

池田　オーストラリアやベルギーみたいに棄権したやつから罰金を取ればいいんだよ。オーストラリアやベルギーの投票率って9割を超えているんだ。

内田　そうなんですか、すごいなあ。

池田　罰金を取られるし、ベルギーでは15年の間に4回以上投票を怠《おこた》ると、選挙権を10年間失い公職に就けなくなる。まあ、公民権が剝奪《はくだつ》されちゃうわけだ。すごいきついわけです。日本もそのぐらいのことをすれば、みんな選挙に行くんじゃないかな。

内田　なるほどね。でも、そんな罰則を設けなくても、公民権って国民が必死になって勝ち取って来た市民としての権利じゃないですか。なぜ、それを行使しないんだろう。

池田　4月にあった衆議院補欠選挙で島根一区はなんでひっくり返ったかというと、今まで自民党に投票していたやつが今の自民党が嫌だからって棄権したんだ。要するに行って野党に投票するのも気に食わないし、自民党に投票するのも嫌だからって行かなかった。それでもかなりの大差で勝ったからな。だからよっぽど自民党は嫌われてるよ、今は。

内田　嫌われているというより、自民党には「もう先がない」と見限られているんじゃないですかね。「頭」を取り換えたら、選挙は何とかなるというものでもない。もうぐずぐずに土台から崩れ出していますから、この政党に未来は任せられない、と。これまでの自民党支持者もそろそろ思い始めているんじゃないですか。

だから維新も国民民主も立憲も、「自民党の代わりができます」という言い方で有権者に売り込んでいる。「僕たちが政権を取っても、それほど自民党の政治と変わりませんから」と言って、有権者の袖を引くというのも、どうかと思いますけど。

池田　それが問題ですね。

内田　若者の保守志向が強いという話はよく聞きます。変化を望まないらしい。まあ、そうかもしれないですよね。だって、生まれてからずっと年々歳々生活が悪くなって、希望がなくなっているわけですから。もし政権交代したらこれが劇的に悪くなるかもしれない。それよりは

円ドルの推移

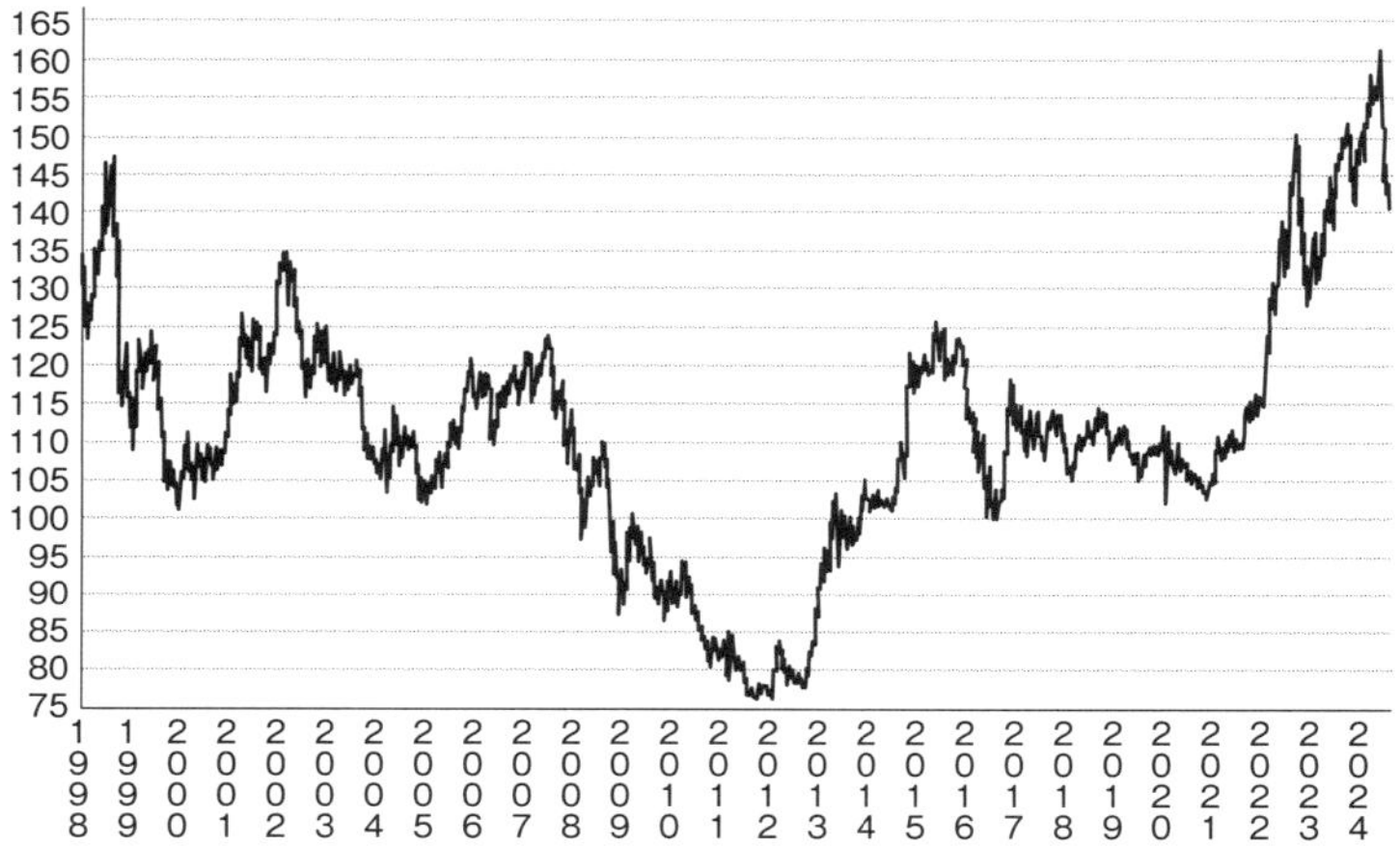

マネックス

今のままじりじり悪くなるほうがまだましだ、と。それに政権交代したら一時的には景気が一気に悪くなる可能性がありますよね。

池田　もちろんある。

内田　政権交代したらまず株が下がる。

池田　株なんて下がったって関係ないでしょう、普通の人は。

内田　でも、「景気が悪い」というのは心理的なものですからね。消費行動が冷え込んだり、雇用条件が下がったりとか、物価が上がったりとか……、そういう生活に直結するような変化は構造が変化したから起きるわけじゃなくて、生活者の「気分」がもたらすものでしょう。

池田　でも政権交代しようがしまいが、これだけ円が安くなったら、そっちのほうがひどいよ。急には来ないけど、これからも物価はめちゃくちゃ上がると思います。

同性婚が認められ始めたのは統一教会弱体化の影響か

池田　2024年の3月に札幌高裁で、同性婚が認められないのは憲法違反という判決が出て、ここのところ裁判所の判断がLGBTに対して容認の方向になってきたね。これは、たぶん統一教会が弱ってきたことと関係すると思う。

内田　そうだと思います。統一教会と日本会議の力が弱くなってきたことは、自民党のこれまでのジェンダーや家族についての政策に影響してくると思いますね。

神社本庁が力を失ってきていることもこの政策には関係があると思いますね。神社本庁が自民党の極右議員たちの選挙運動を支えていましたけれども、金毘羅さんも鶴岡八幡宮も神社本庁を脱盟して、単立の宗教法人になりました。この流れはもう止まらないと思います。

池田　あそこは、お金があったからなあ。

内田　神社本庁は不祥事が相次いでいましたからね。神道系の政治圧力団体の力が弱くなり、統一教会の力が弱くなったせいで、風向きが少し変わってきたと思います。少し前なら、こんな判決を出したら街宣車が出てきて、裁判官を「売国奴」とか「非国民」とか騒いだでしょうけれど、今はもうそんな動員力がなくなった。

池田　もうない。そういうことができなくなった。

これも金の話だ、要するに。

内田　金がなくなったんでしょうか。

池田　統一教会、蓄えてきた金が減ってきちゃったんじゃないかしら。

内田　動員できる人間の頭数も減ったし。

池田　自民党の議員もかなり多くの人は、統一教会からボランティアを出してもらって、お金をもらって選挙をやってたんですから。それがなくなってしまえばもう選挙に勝てないだろうな。

内田　次点の候補者とほんのわずかな票差で当選してる議員が自民党には多いので、統一教会や神社本庁の選挙協力が衰えてくると、この人たちは落選リスクが高まりますね。

池田　そうだよね。どうしようかとおろおろしてると思いますよ、今、困ってるんじゃないかな（編集部注＝対談は岸田政権時に行われたものです）。

内田　今ここで選挙をやったら自民党は大敗するでしょうね。

池田　大敗だね。だからごまかしながら何か適当なことを言って立て直して、これだったら大敗しないだろうという時期に時の首相が決断して総選挙をするだろうけど。そういうふうになるかどうかだね、問題は。

内田　そんなチャンスってありますかね。

池田　なかなかないかもしれないね。

話を同性婚に戻すと、日本はほんとうに変な国で、日本の一般の人では同性婚を別に認めてもいいんじゃないかっていう人が圧倒的に多いわけです。

統一教会の推薦確認書

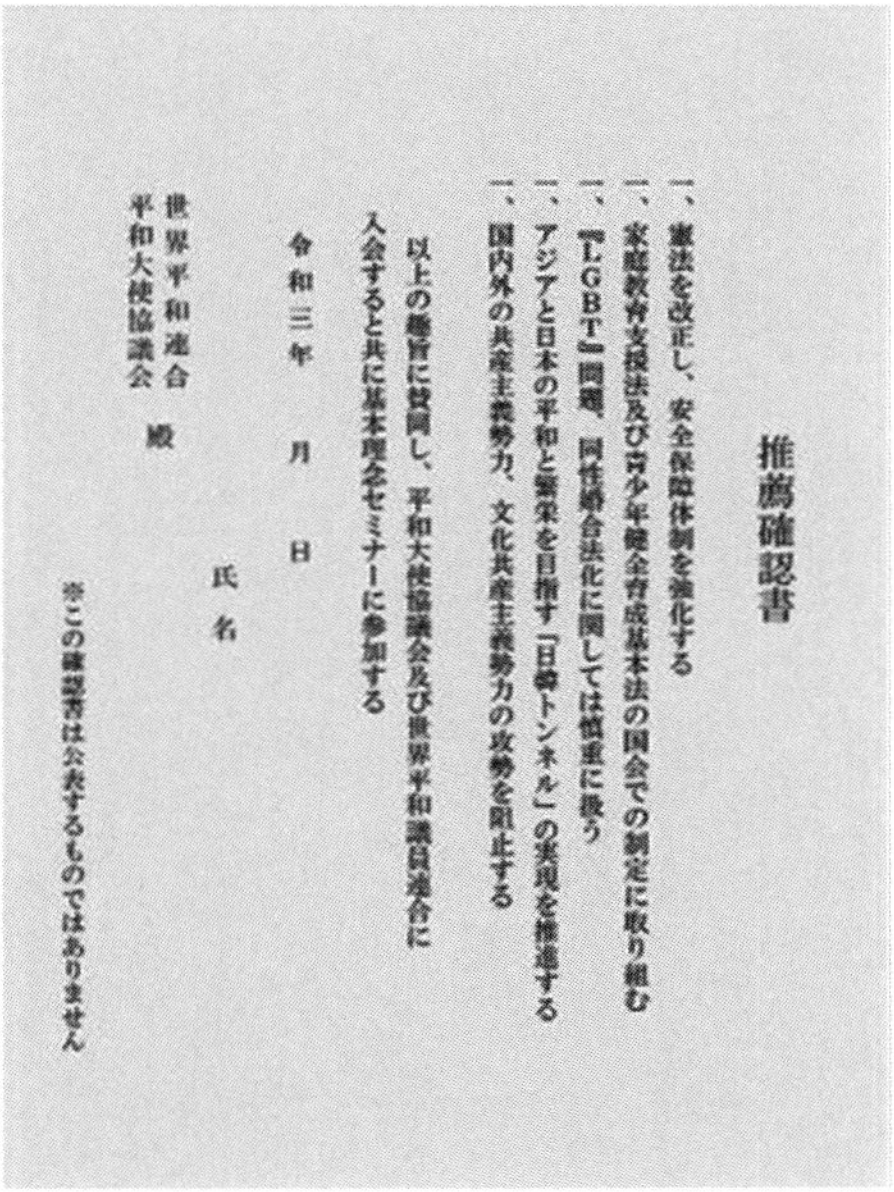
推薦確認書

一、憲法を改正し、安全保障体制を強化する
一、家庭教育支援法及び青少年健全育成基本法の国会での制定に取り組む
一、『LGBT』問題、同性婚合法化に関しては慎重に扱う
一、アジアと日本の平和と繁栄を目指す「日韓トンネル」の実現を推進する
一、国内外の共産主義勢力、文化共産主義勢力の攻勢を阻止する

以上の趣旨に賛同し、平和大使協議会及び世界平和議員連合に入会すると共に基本理念セミナーに参加する

令和三年　月　日

氏名

世界平和連合
平和大使協議会　殿

※この確認書は公表するものではありません

内田　世論調査やると圧倒的多数が賛成なんですよね。

池田　そう、7割ぐらい。若い人では9割以上は「同性婚ありでもいいんじゃないですか」って言っている。結局、同性婚に一番反対してるのは統一教会でしょ。

内田　そうですね。

池田　統一教会からお金をもらってるから、それに反対しないといけない。

内田　そう、反対するという誓約をして推薦を受ける。盛山正仁文科大臣が記憶はないけれど、推薦確認書にサインしたかもしれないって言ってましたね。

池田　誓約書（推薦確認書）ね（笑）。憲法を改正するとかいう項目もある。

内田　ＬＧＢＴ問題や同性婚合法化についても、反対しろって。

池田　それに署名することによっていろいろと選挙に支援をもらっている。実は自民党の代議士は、本当は同性婚に賛成でも反対でもどうでもいいんだよ。

内田　そうなんですよ。議員たちのほとんどはこの問題なんかどうだっていいと思っているんです。どうだっていいからこそ、国際世論や国連からの勧告は無視して、選挙のお手伝いをしてくれる組織に従う。情けない話です。

池田　どうだっていいけど、ＬＧＢＴを優遇するような法律を通して「おまえにはもう金をやらんぞ」「応援しないぞ」って言われたら選挙に当選しないから、嫌々やってたのかもしれない。

70年代から人材獲得に精力的だった統一教会

池田　統一教会が選挙にしゃしゃり出てきたのは、70年代ぐらいからですかね？

内田　そのぐらいからでしょうね。国際勝共連合ができたのが68年ですから。

池田　それくらいから統一教会が自民党にお金をジャバジャバつぎ込んで依存させ、自分たちの言うことを聞かせようとしたわけだ。僕が山梨大学の講師になったのが79年なんだけど、80年代初めぐらいにはよく電話がかかってきたよ。

内田　統一教会からですか？

池田　そう、統一教会から。要するに若い広告塔になりそうな学者をリクルートしてたんじゃないかと思う。

それでしょっちゅう電話がかかってきてた。「先生、今度韓国でセミナーをやるんで来てくれませんか？」って。当時、僕には講演依頼なんてまずなかったから「薄謝ですけど講演料は20万円出します。交通費も宿泊代も全部持ちますから」って言われてびっくりした。

その当時の僕にとって20万円といったら、1か月分の給料と同じぐらいだったから、すごい金額だった。そんなような誘いが何回も来たよ。でも僕は絶対怪しいと思って「どうもありがとうございます。でも私は忙しいから」って全部断っちゃった。

しばらく経ったら来なくなったけど、そういうふうな誘いが来た僕の友だちも何人かいたね。

内田　僕は75年の卒業なんですけど、その年に東大の卒業生全員のところに「アメリカ3週間旅行無料ご招待」というのが来ましたね。

池田　やっぱり……。

内田　「卒業おめでとうございます。ぜひ皆さん方に見聞を広めていただきたいから無料でアメリカにご招待します」って手紙がうちにも届いた。オブリゲーション（義務）は「帰国してから一度報告会に顔を出していただきたい。それだけ。他に一切義務はありません」と。でも、絶対怪しいでしょ。「看板になりそうな学者を」というのはわかるんですけれど、ただの学生ですよ。

池田　友だちとかで参加した人はいた？

内田　知る限りでは一人いました。彼も別にそのあと統一教会の信者になったわけじゃないと思います。

　他人の金で海外旅行に行って、それに何の義理も感じないようなことはしようと思えばできるでしょうけれど、そういうものに1回でも参加してしまうと、あとあと「ちょっと義理があるから、あまり悪くは言えない」っていう、やましさが心の奥に残るんじゃないですか。

池田　やましいよね（笑）。

内田　統一教会はほんとうにお金があったんですね。

池田　結局、こうしたお金は、安倍元首相を殺した山上徹也のお母さんみたいな貧乏人から集めたんだよな。

内田　何億ってお金を個人が献金してますからね。

池田　夫の保険金とか、お父ちゃんが土地を売ったお金を全部出しちゃたわけでしょう。それで子どもたちは食べるのにも困って、山上は大学に行く金もなくて、それで頭にきたとかいう話だよね。きっと、そういう人から金を集めてんだよ。

内田　すごい資金力なんでしょうね。

池田　それはすごい資金力なんじゃないかな。貧乏人からでも全財産をむしり取れば相当な額じゃない。今、信者がどのぐらいいるのか知らないけど。１００億、２００億単位のお金がゴロゴロしてたんじゃないですか。もっとあったかもしれない。

内田　少し前の『ワシントン・ポスト』の記事に、統一教会の収入の80％は日本からの献金だって書いてありました。韓国の人に聞くと、あっちの統一教会はビジネス中心で、あまり政治的な圧力団体ではないみたいですね。

池田　統一教会は日本の政界にうまく取り入ることにものすごく成功したんだろうね。

内田　１９６８年の国際勝共連合。文鮮明と児玉誉士夫と笹川良一と岸信介ですからね。

池田　そうそう。

内田　68年ということは、学生運動だけじゃなくて、市民運動も労働運動も盛んだった。日本中に革新自治体があった頃ですよね。自民党はこのまま日本が左傾化することに強い危機感を持っていた。そのためのカウンターの組織を作らなきゃいけないというので作ったのが勝共連合。統一教会は、ですから国際的な反共運動の資金調達と運動員提供のための部門と位置づけだったんじゃないでしょうかね。

でも、もう「日本の共産化を防ぐ」なんて言っても、ぜんぜんリアリティがないですから。

池田　もう統一教会は駄目だろうね、新しい信者が入らなくなっちゃったからね。

内田　これだけ実情が明らかになると、新規にいくらリクルートしても、「統一教会だ」とわかったら、ふつうの人は逃げ出すでしょう。

池田　もう無理だよね。

内田　もうこれ以上の教勢の拡大は無理です。日本では統一教会の運動はこれで終わると思います。

おそまつな国民の情報管理

内田　今マイナンバーカードに健康保険証とかを紐づけするマイナ保険証を普及させようといろいろやってますね。でも、政府のねらいは要するに中国のような精密な国民監視システムを作りたいということだと思います。できるだけ全国民について個人情報を取りたいと思っている。そして、どうも一番知りたいのが老人たちの病歴と預金残高。製薬会社と厚労省と財務省が一番知りたがっているのがそれですからね。

中国の国民監視システムはかなり徹底しているみたいです。北京に在住してる斎藤淳子さんという方が『シン・中国人』（ちくま新書）という本を書いて、その帯文を頼まれてゲラを読んだんですけれども、とても面白かった。その後、斎藤さんが一時帰国された際に凱風館まで来てくださったので、現代中国社会の話をいろいろ伺ったんです。

一番訊きたかったのが社会的信用システムのことだったので「ほんとうにそんな仕組みがあるんですか」って訊きました。「もちろんです」とこともなげに教えてくれました。中国政府はただ国民を監視しているだけじゃなくて、全国民ひとりずつに社会的信用スコアというのを付けているんです。これは忠良なる国民と反政府的な市民をデジタルに二分するわけじゃないんです。忠良度に応じてアナログな格付けをするんです。その人がSNSで何を書いているか、どんな本を買ってるか、どんな集会に顔を出しているか、それを逐一点数化する。スコアが低い人にはペナルティが科される。海外旅行ができないとか、ホテルや飛行機の予約が取れないとか、そういうテクノストレスをかけてくるんです。

これはいきなり投獄するとか拷問にかけるというのに比べたらはるかにソフトなペナルティですけれども、真綿で首を絞めるような国民監視システムなわけです。なにしろ、スコアを上げることができるんですから。

毎日ＳＮＳで習近平を絶賛したり、中国共産党推薦図書をまとめ買いしたりすると、スコアが上がって、それまでつながらなかったサイトにつながり、取れなかったコンサートのチケットが取れるようになる……。

国民感情をコントロールする上で、きわめてよくできたシステムですよね。政府が市民に直接的な暴力をふるうわけじゃなくて、「メールが届かない」とか「ネットアクセスに時間がかかる」とかいうタイプの嫌がらせですからね。態度を改めれば社会的信用スコアは上げられる。たしかに管理コストはべらぼうにかかるでしょうけれども、治安維持の方法としては悪魔的なまでに効率的だなと思いました。

池田　そうなるよな。日本もずっとそういう中国のまねをしたかったんでしょ。ただなかなか難しいところがあるよ。中国はもともと独裁国家で国民も慣れているけど。

内田　慣れていますからね。

池田　日本は慣れてない人がいっぱいいるから。２０２４年1月末時点のマイナ保険証の利用登録は全人口の約57％、オンライン資格確認におけるマイナ保険証の利用率は４・60％というからね。

内田　ひどいですよね、あれは。いくら何でもシステムが不出来にすぎます。

池田　僕もそう思う（笑）。

内田　国民に網をかけようと思うんだったら、もう少し出来のよい国民監視システムを作ればいいのにね。ものすごく使い勝手がよくて、みんなが自主的に使って、そこから個人情報がダダ漏れになるという精緻な仕組みを作ればいいのに。ちなみに僕はマイナンバーカードは持ってます。池田先生は？

池田　持ってないよ。僕はいらないから。

内田　僕も使ったことがないです。何かの用で区役所に行ったときに、横にブースがあって、そこのお姉さんに「マイナンバーカードを作りませんか？」って言われて、「面倒くさいからいいよ」って言ったら、「あっという間にできますから」って言われて。この職員さんもきっと仕事で嫌々やってるわけだろうから、ちょっと気の毒になってつい作ってしまいました（笑）。

池田　税金の申告をするときに確定申告でマイナンバーいるけど、別にカードはいらないな。マイナンバーを覚えておいて書けばいいだけの話だから。

通知カードの番号を言えば別に問題ないからカードは必要ない。

いずれ銀行に紐付けして、いざとなったときにそこから自動的に金を取ろうと考えているんじゃないかな。

内田　でもおかしいですよね。本来マイナンバーって文字通り「マイナンバー」なら自分だけが知っていて、他には誰も知らないからＩＤとして使えるわけでしょう？　それを言わないと貸金庫が開かないとか。でも、出版社から原稿料の支払いのためにマイナンバーを知らせろとじゃんじゃん言ってきたじゃないですか。名前も知らない出版社からも来た。その全部に知らせましたから、「みんな知ってるマイナンバー」なんです。それじゃ意味がないじゃないですか。

池田　アハハ。別にマイナンバーを知らせなくたって出版社は印税をくれますよ。あれは何なんですかね。

内田　最近はインボイス番号を知らせろって言われます。

池田　インボイスも出さなくても金を支払ってくれますよ。著者がインボイスに登録していないと、出版社が消費税を控除できずに経費を負担することになるから、教えてほしいということみたいだね。法人は法人番号が公開されてるから誰でもわかる。

法人優遇、消費税増税のわけ

池田　法人ってなぜか知らないけど、いろいろと優遇されてる。

税金も個人でやるより法人組織にしたほうが圧倒的に安いんじゃないかな。法人はいろんなものが必要経費で落とせるから。個人だと文句を言うでしょ、税務署が。飲食費を使ったりするだけで。

主な輸出企業の消費税還付金

社名	2022年度の消費税還付金	社名	2022年度の消費税還付金
トヨタ自動車	5276億円	村田製作所	786億円
日産自動車	1897億円	スバル	731億円
本田技研	1879億円	キヤノン	723億円
マツダ	1396億円	豊田通商	680億円
デンソー	1205億円	クボタ	568億円
三菱自動車	912億円	合計	1兆8972億円

湖東京至元静岡大学教授調べ

だけど法人だとワインを買ったって、そりゃあまりにも本数が多いと知らないけど、たまにだったら「お客さんに出す」って言えば、常識の範囲なら、それで通る。

あるいは仕事の打ち合わせの際にレストランで飲み食いするのでも、あまり頻繁でなければOKだよ。

内田　僕も前は公私の区別をきちんとつけていて、仕事がらみでも、飲み食いは全部自腹でしたけれど、自民党の政治家たちが政務活動費で居酒屋やレストランやカラオケで飲み食いすると知って、納税意欲がはげしく減退しましたね。これからは凱風館でやる宴会の飲み食いの支払いは「会議費」に計上することにしました。

凱風館で話すことと言えば、ほとんど武道の話と、道場はこれからいかにあるべきかという話ですから、「会議」と言えば会議なんです。

池田　それは全部通るよ。大丈夫。

日本は本当にひどい。だってトヨタなんて消費税をほとんど払ってないでしょ。結局、輸出企業がものすごく得するわけだ。

内田　還付金みたいなものをもらってるんだそうですけど。

池田　還付金というか、消費税は自分が頂いた消費税と自分が払った消費税の差し引きを払えばいいわけだから。トヨタは材料を大体は日本の企業から入れてるでしょ。だからそのときに消費税を払ってるわけだ。もうちょっとまけろといって、実質的には消費税分を払ってないかもしれないけれど、帳簿上からは払ったことになってる。

例えば１００万円だったら１１０万円で買いましたって、10万円の消費税を上乗せして払いましたって言うけど、実際、もし１００万円の中に消費税も入れろって言われたら下請けはすごく損しても、それで納品できないと困るから受け入れるしかない。そういう場合でも消費税は10％払ったことになっている、当然のことだけど。

それで今度は外国に売るとする。トヨタはほとんど外国に売っているよね。外国からは消費税を取れないからゼロになる。そうすると消費税を払ってばかりでもらってないことになるから、差し引きマイナスになり、それを還付してもらえる。

だからトヨタは還付金がすごい多いと思います。普通、日本国内で取り引してると自分がもらった分と自分が払った分の差し引きだから、もらった分が多ければ払わざるを得ない。もらうより多く消費税を払った人は赤字になっちゃうから戻ってくる。

トヨタとか大きい輸出企業はみんな戻ってくるからほとんど払っていないのと一緒。

内田　だから財界は消費税を上げろ上げろってうるさく言うんですね。

池田　そう、消費税を上げると、もうかる仕組み。

内田　19％に上げろとか言ってましたね。

池田　最近自分はやっていないから知らないけれども、個人事業主だと事業の形態によってみなしがあるじゃないですか。内田さんもみなしで50％ぐらいで済んでんじゃないの？

内田　何でしょうか。みなし？　消費税？

池田　消費税。例えば消費税を１００万円もらっても国に納めるのは50万円でいいとか、そういう話。

内田　どうなんだろう？

池田　僕は法人をやる前は個人事業主でみなしでやっていました。サービス業で執筆家の人はもらった消費税のうちの半分だけ払えばいいという、そういうシステムでした。例えば八百屋さんとかだともっと少なくて、１割とか2割とか払えばいい。

内田　そうですか。僕は税金のことはよく知らないんです。税理士さんにまかせっきりで。とにかく税務署にはきれいに持っていかれますね。

ある朝口座を開くと、がさっと預金がなくなっている。

池田　どうしようもないよね。

コロナワクチン接種と全死亡率の因果関係をなぜ検証しないのか

池田　今、またコロナが流行ってきているけど、検証もされずじまいになりそうだな。

内田　池田さんは岩田健太郎（神戸大学医学部教授）さんとつながりがあるのでしたね。僕も彼とは仲よしなんです。

池田　新型コロナウイルス（COVID-19）対策で意見が違ったから、最近あんまり連絡をとらなくなっちゃったけど。

内田　コロナで意見が違うとは、どういうことですか？

池田　岩田さんはコロナのワクチンを打ったほうがいいと言っていた。たしかに岩田さんの言うとおり、公表されているデータを見ると、コロナのワクチンを打てば打つほど、コロナで死ぬ確率はどんどん減る。ただ、コロナで死ぬ確率以外の他のことを調べているかどうか、わからない。コロナで死ななくても全死亡率を調べなきゃいけない。全死亡率を調べているのかもしれないけど、日本ではどこも公表していない。

例えばワクチンを1回も打たなかった人、1回打った人、2回打った人、3回打った人、4回打った人で、その後1年とか2年で、死因は別としても、どのぐらいの割合で死んだのかを調べないとわからないんだよ。たしかにコロナで死ぬ人はワクチンをたくさん打つと減る。7回ぐらい打った人は打ってない人に比べて10分の1ぐらいになる。

だけど心筋炎とか、いろいろとワクチンの副作用が出るのに、それはコロナが死因ではないからネグレクトされちゃうから、その辺が難しい。あまりきちんとしたデータがないのはわざと隠してるんじゃないかと僕は思う。

内田　厚労省が隠してるんですかね。僕の友だちの医療経済学者の兪炳匡《ゆうへいきょう》さんも、厚労省はコロナに関するデータを出さないって怒ってました。

池田　厚労省は隠してますよ。僕が一番知りたいのは、ワクチンを打った人が1年とか2年とか3年以内に、打たなかった人に比べて全死亡率が同じか増えたか減ったか。減ったのだったらコロナのワクチンを打つのは意味がある。同じだったら意味がないし、増えたのだったらワクチンを打たないほうがいいっていうことだから。

そこのところがわからない。たしかにコロナで死ぬ人が減っているのは間違いない。いっぱいいろんなデータが出てる。アメリカのCDC（疾病対策センター）とか、日本でも神奈川県がそういうデータを出してたね、だいぶ前に。

内田　神奈川県の調査は兪先生が提案したんです。

池田　ただ全死亡率に関するビッグデータは厚労省でないとわからない。普通の医者は調べようがないから。

　ある日本人が調べたら、３回打った後日本のがんの死亡率がだいぶ上がったみたいだと言うけど、それは何のせいかわからない。因果関係がわからないんです。

　コロナのワクチンを２０２１年から打ち始めた後のがんの死亡率はわかるから、がんの死亡率がワクチン接種とどれだけパラレルになってるかという相関はわかるけど、その因果関係はわからないよね、全然。

内田　相関と因果は違いますからね。

池田　そう、ちゃんとデータとして出してくれないと普通の人はわからない。厚労省はその辺を絶対何か隠してるよね、大事なことを。

内田　日本の官庁は自分たちに都合の悪いデータは絶対に表に出さないし、政策の失敗を決して認めないということを国民はみんな知ってますからね。

　それに今は世界中どこの国でも、製薬会社が医療システムや保険制度に対して強い影響力を持っているでしょう。ロビー活動を通じて、製薬会社が金にものを言わせて政治家や官僚を操

ファイザー株の推移

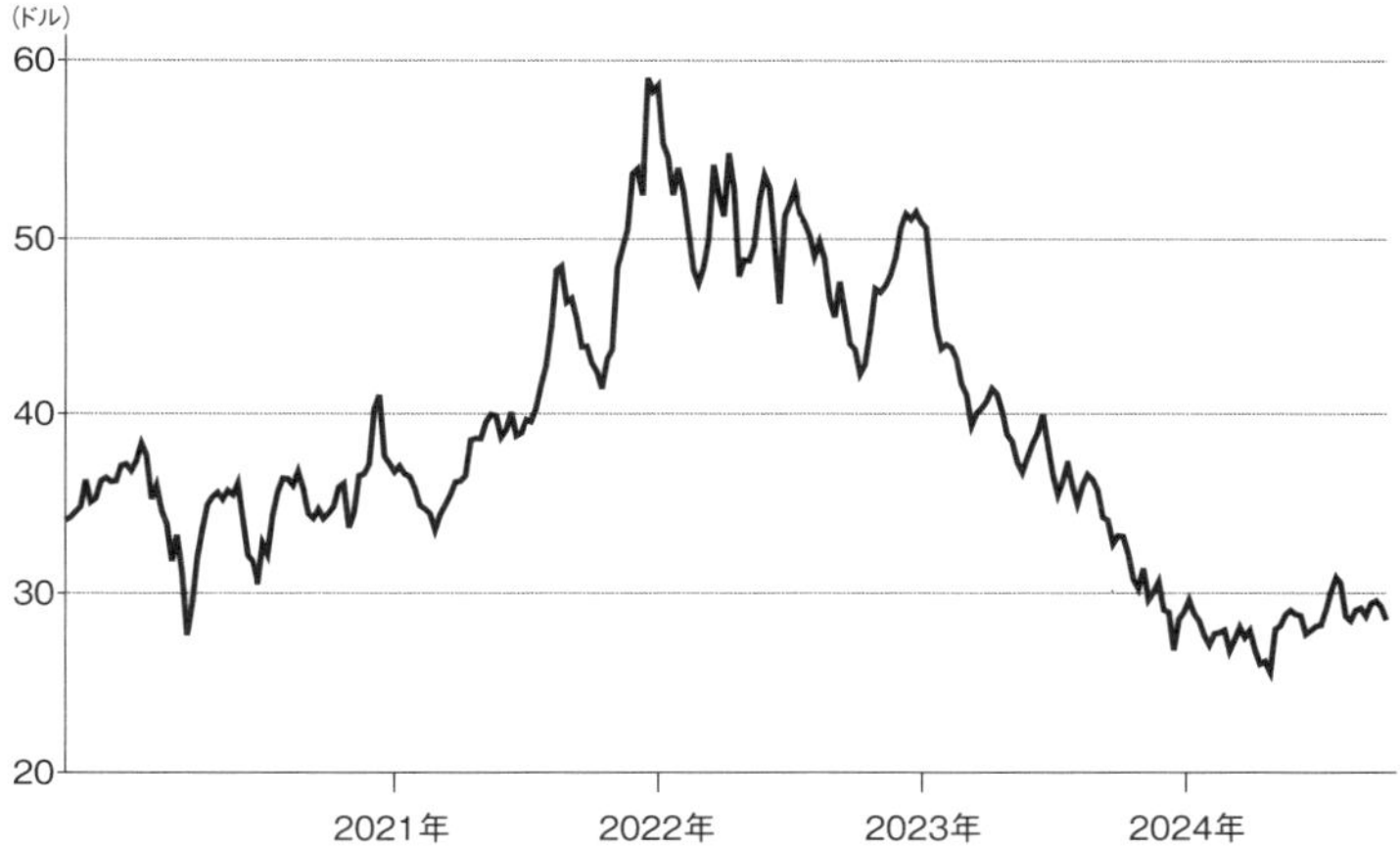

っていると多くの国民は思っている。そして、製薬会社の利益を最大化するという観点から見たら「ワクチンを打てば感染症に効果がある」というデータがもたらす利益は巨大ですからね。

池田　すごいもうかったよね。

内田　だから政府も製薬会社も客観的なデータを出すことを抑制する根拠はある。データを出したときに、日本の場合だったら厚労省の政策の適否が点検されることになる。感染症対策上のミスが見つかれば、死者に対して国が補償をしなきゃいけないという話になるかもしれない。それは絶対にできない。

池田　ものすごい死亡者数だから、はっきりわかってる人には本当はお金を払わなければしょうがないけれど、何で死んだかはなかなかわからないんじゃないかな。1年後に死んだ人はなんで死んだかわからない。3日ぐらいたって典型的なアナフィラキシーショックで死ねば間違いなくワクチンのせいだってわかるけれど。

とにかく製薬会社の利権であることはたしかだけど、ファイザーの株なんかは2022年をピークにどんどん下がってる。どうなってるんだろう。

内田 兪先生も岩田先生もワクチン派で、僕の周りにいる医者はほぼ全員がワクチン派ですから。僕は専門家の意見には素直に従いますから、ワクチンを7回打ちました。

池田 僕も2回までは打ちましたよ。

あのときはいろいろ調べて、武漢株はワクチンを打ったほうが絶対死亡率は減るなと思っていた。今でも打ったのは正解だったと思うけど。3回目からはメリットとデメリットのどっちが大きいかわからんぞと思い始めて、それでやめちゃった。そもそもmRNAワクチンが原理的に危険なワクチンだというのは、免疫学を少し勉強した人なら常識です。

養老孟司先生は3回打って、僕がやめろって言うもんだから4回目から打ってないと思う。武道家の甲野善紀さんは1度も打ってないと思う。

内田 武道家からは結構言われましたね。「ワクチン打ってるって、自然治癒《ちゆ》力を信じないのか?」って。「僕は東洋医学も西洋医学もどっちも信じてますから」って答えましたけど(笑)。

池田 7回打っても何でもない人は打って正解だったたって言えると思う。

人間は個性があって、ワクチンに対する反応も人それぞれで、打って何でもない人も打って駄目な人も当然いるわけです。

僕の知り合いでワクチンを打ってすぐに膵臓《すいぞう》がんが見つかって死んじゃった人が2、3人いて、がんがすでにある人はワクチンを打つとがんが大きくなるんじゃないかと僕は思う。だから打って何でもなかった人はがんがないと思って、しばらく検診に行かなくても大丈夫かもしれない。まだ研究途上だからこれから何が正しくて何が正しくないか、誰もわからない。これからいろいろと研究されれば、どういう人にどういうワクチンが効くかがわかってくるんじゃないかな。

要するにワクチンによって個性があるし、インチキなのもいくつかあるから、あるロットのワクチンを打ってる人は死ぬ確率が高いとか、いろいろあると思う。難しいよね、作り方もあんまりよくわかってなくて、秘密なところがあるでしょ。

海外ではイギリスは集団免疫で乗り切ろうとしたけど、結局パンデミックが起きちゃった。

内田　スウェーデンは当初ワクチンを打たずに自然免疫ができるまで感染に任せたら、北欧の中では突出して死者数が増えてしまいました。

池田　最初の頃の株は強かったからワクチンを打たないとやっぱり死亡率は高かったと思う。今はオミクロンになってどんどん弱っていってほとんど死なないから、打っても打たなくてもほとんど死なないと思う。

内田　僕は医療系の大学の理事をやっていますので、理事会では毎回系列病院からのコロナ感染者についての情報が報告されるんです。２０２０年の春からずっと続いていた報告が、今年になってからなくなりました。コロナ病床の入院者が減ってきて、人工呼吸器をつけるような重症患者はいなくなったみたいです。

池田　だから今熱が出るとすぐに検査してくれるでしょ。それで陽性ですって言っても、若い人には別に薬もくれないことが多いよな。年寄りには薬をくれると思う、高い薬を。

　若い人は取りあえず、熱が出たら解熱剤でも飲めば、大体1週間ぐらいで治っちゃう。飲まなくても、安静にしていれば同じくらいで治るよ。

内田　僕の周りでも、コロナに罹っても1週間ぐらい家にこもって、それでおしまいというケースがほとんどですね。

池田　医者に面倒くさくて行かない人もいるよね。かかった人は抗体検査すればわかるんだけど、抗体検査は血液検査で面倒くさい。抗原検査はとにかく今ウイルスがあるかどうかがすぐわかる。抗原検査でプラスだったら、まず絶対うつってる。マイナスでもうつってるかもしれないけど。抗原検査は鼻に棒を突っ込んで、1時間ぐらいで結果が出るから。

内田　僕はコロナに1回罹りましたけど、初期だったから、症状はけっこうきつかったですね。

3日間38度5分の熱が出て。

池田　そのときはまだワクチンを打ってなかったの？

内田　いいえ。2回打った後だったかな。

池田　2回打った後の頃はオミクロンと武漢株の間ぐらいの時期で中程度に強かったよね。それから2021年の秋ぐらいにオミクロンがはやりだしてから、急激に弱くなったけど。まだ、かなりひどかった時期だと思う、ワクチンを打っていてもね。

僕はかろうじてその辺をうまく逃げ切ってならなかったけど。

内田　ならなかったんですね。

池田　たぶんなってない。ただ今年の正月に熱が出たのはオミクロンだったかもしれない。正月ってほとんど医者はやってないし。

のども痛かったし、コロナかもしれなかったけど、38度2分出たときにも、酒は飲んだ。飲まないと連続飲酒記録が途切れるのが嫌だから。

内田　38度もあったらお酒を飲んでもまずいでしょ。

池田　まずくないよ、おいしい。日本酒の冷やを1合ぐらい飲んで、それで寝た。おいしいんだけど、何が嫌かというと、咽頭炎《いんとうえん》を起こしてるからごっくんと飲み込むときに痛いんだ、ものすごく。

内田　それでも飲むんですか。

池田　それでも飲む。意地でも飲む。あほみたいだよね（笑）。

第2章

日本の岐路、あり得た未来を考える

明治政府による日本の「あいまいさ」の消失

池田　僕は性の同一性・連続性の観点からＬＧＢＴのことにずっと興味があるんだけど、ＬＧＢＴの権利って言いだしたのは最近だよね。昔はＬＧＢＴで差別する人もあんまりいなかった。日本は同性愛でも平気だったたし、オカマという人たちに対しても別に「変な人だね」っていうぐらいの感じだった。

それが、差別しようという人が出てくれば、差別される側はそれに対抗しなきゃいけないから、いい加減じゃいられなくなったってことで、厳密に何か決めようっていう話になってきたわけでしょ。

だけど、あんまりいろいろなことを厳密にしようとすると、社会がギスギスしていいことない、本当は。だからいい加減にしておいたらいいんだけど、差別が強くなれば差別される側はいい加減にできなくなってくる。いい加減が許されなくなってきたのは明治になってからでしょう？

内田　明治以降でしょうね。

池田　明治になってから西洋文化の影響で、性的な倫理にすごく厳しくなった人たちが多くなった。キリスト教そのものは日本で全然流行《はや》らなかったけど、キリスト教の影響で性倫理みたいなことを言うようになった。江戸時代は何だって平気だったからね、ハハハ。

内田　性倫理が厳格化したことにはキリスト教の影響もあるでしょうけど、明治時代には欧米の統治機構にキャッチアップするという国家目標があったので、その政策の影響が大きいんじゃないでしょうか。

池田　そうそう、官僚機構を作って、それで帝国大学を作って、陸軍大学とか海軍大学とかを作って、そういう所でエリートを養成して、そういう人が日本を治めるっていうシステムにしたわけです。

江戸時代の武家制度にはそういうものはない。官僚っていったってその時々で一番優秀なやつを大老にしてとにかく危機を乗り越えようとしたぐらいだったんだけど、日本は明治の頃から突然、官僚主義になった。

官僚主義の窮まったのが太平洋戦争。あれはみんな官僚の連中がやってたからつぶれちゃったんだよ。目の利くやつが全然いなかった。

内田　明治の性倫理の特徴の一つはマチズモ（男性誇示）だと思うんですよ。代表的なのは明治天皇です。明治天皇は即位するまでは京都にいて、伝統的な天皇として育てられた。ですから、和歌を詠《よ》んで、書を能くしてという、江戸時代の天皇らしい育てられ方をしてきたはずなんです。ところが明治維新で、そういう柔弱な天皇像を改鋳して、軍事を統括する「大元帥」に仕立てなければいけなくなった。幕臣だった剣客の山岡鐵舟《てっしゅう》を侍従に任じたのはそのせいだと思うんです。日本の統治機構の頂点にいる人間はきわだって男性的な存在でなければならないという明治政府の元勲たちの政治判断があったと思います。

その時代に戻ってみないとよくはわからないんですけれど、明治新政府の喫緊の政策の中には「男らしさ」の強要という性についての政治があったという気がします。

「男らしさ」というのは江戸時代までは特殊な集団だけに求められた資質であって、別にすべての男性がいつでも腹を切る覚悟で生きていたわけじゃないと思うんです。ふつうの庶民はそれぞれの身分や立場ごとに固有の、多様な性的規範に従って暮らしていたはずです。

それが明治維新から後、近代軍制に変わって、成人男子は出自にかかわらず全員が兵隊にならなければならないということになった。兵隊を作る上で、男たちの身体がどのように加工されていったのかについてはいろいろ身体論の研究がありますけれど、兵隊に仕上げるために男たちの性規範にどういう政治的な圧が加わったのかについては、僕は寡聞にして知りません。

でも、きっとあったと思う。「男は男らしく生きろ。自分の中にある女性ジェンダー的な要素――女々しいところ――はすべて否定しろ」というふうに性自認が制度的に強要されたのは近代軍制の成立と深いかかわりがあったと思います。

明治30年代、40年代に夏目漱石と森鷗外が相次いで「青年」について代表作を書いています。漱石の『坊っちゃん』も『虞美人草《ぐびじんそう》』も『三四郎』も、鷗外の『青年』も、どれも「青年とはいかなるものであるか」についての小説なんです。「こういう青年たちが現にいます」というポートレートじゃなくて、いずれも「青年とはどうあるべきか」というロールモデルを提示する作品でした。彼らは国民作家のミッションとして青年を描いたという気が僕にはするんです。

例えば、『坊っちゃん』はその時代の中程度の学歴の読者にとっての理想的な自己造形のモデルだった。高学歴の少年たちは『三四郎』をモデルにできた。『虞美人草』なんて、「三匹の子豚」みたいな話ですからね。自分さえよければそれでよいという利己的な青年と、才能と家産にあぐらをかいてごろごろしている虚無的な青年と、世のため人のために働く平凡な青年と、どれがこれからの日本にとって「あるべき青年」かを漱石は読者に問いかけているんですから。

鷗外の描いた青年もそうなんですけれど、この主人公たちにはほとんど「内面」というものがないんです。外側だけしかない人形みたいに与えられた状況の中で役割演技を果たしている。でも、それは文学としての未完成ということじゃなくて、そういうふうにわかりやすい男性のロールモデルを提示することが明治の日本にとって喫緊の国家的急務だったからだと僕は思うんです。

「わかりやすいロールモデル」を文豪たちが提示しなければならなかったのは、それまで「そういうロールモデル」がなかったということですよね。できあいの「鋳型」を作ってみせて、その中にはめ込んでいかないと明治の男たちは男になれない。そう考えたからこそ、あるべき青年男性のロールモデルを提示した。

面白いことに、女性についてはあまり適切なロールモデルはないんです。『青年』の坂井未亡人も、『三四郎』の美禰子《みねこ》も、『虞美人草』の藤尾も、美しくて、知的で、誘惑的で、みんな男をダメにしそうなタイプです。男たちに向かって「こういう女に近づいちゃダメだぞ」という警告として有効だったかもしれませんが、明治の少女たちに「こういう女になりなさい」と提示されたロールモデルでは全然ない。

「男らしさ」にストレスがかかったのは、「女」は江戸時代のままで別に構わないが、「男」は近代モデルの「鋳型」にはめ込んで新しく創り出さないと、手持ちのモデルがなかった。そういうことだと思います。

池田　僕はやっぱり西洋の男女二分法の影響は強かったと思う。男色なんかを容認していたら、野蛮な国だと思われる。日本も文明国だと示すには、西洋の基準に合わせる必要があった。

内田　キリスト教の影響もあったでしょうけれど、それよりも江戸時代までのジェンダーの多様性やでたらめさを否定しないと、男たちを兵隊に仕立て上げることができないという政治的要請のほうが強かったんじゃないかという気がします。

池田　兵隊っていうのは、武士とは違って国家の奴隷みたいなものだから。とりあえず男子の国民を兵隊にしなければいけないというのがあって、そのためのシステムを構築しなきゃならなかった。それでいろんな官僚制度とか大学とかを作ったわけです。これも基本的には西洋のまねです。その当時の帝国大学なんて、もう出たらいきなり完全エリートだから。中学校とか今でいう高等学校は、帝国大学を出た人がいきなり校長だもん。普通のクラスの先生なんかしないわけだから。

庶民の中から優秀なやつをピックアップする官僚制度を作った。まあ、中国の科挙みたいなもんだけど。

ミッドウェー海戦で白旗をあげていれば北方領土問題はなかった

池田　それで官僚組織でずっとやっていたから、例えば太平洋戦争が始まったときだって、戦術とか作戦に優れているやつよりも官僚が出世した。東條英機は官僚の頭目みたいなものでしょ。完全に官僚的な考え方。

内田　あの人はもともと憲兵ですからね。戦う人間じゃなくて、「戦う人間を管理する人間」です。

池田　前例踏襲主義。今までやってきたことを変えることができないわけだ。だから太平洋戦争を始めちゃったはいいけど、途中で戦況が悪いからこの辺で手を打って謝ってもうやめようという考えがなかった。

内田　「いったん決まったことだから個人的には反対だが従っていく」というのはほんとうに日本の軍人の通弊でしたね。あれほどみじめな敗戦を迎えたのも「一度決めたことは変えられない」という無意味なルールのせいです。

池田　太平洋戦争のときからの伝統だよね。今でもずっとそうだよ。今度の大阪万博も典型で、失敗は必定だとわかっているのにクラッシュへ向かって突っ走っている。維新には玉砕やバンザイ突撃の心性が染み込んでいるのでしょうね。

内田　東京裁判で小磯國昭（陸軍大将、首相）は、自分は満洲事変にも三国同盟にも日華事変の拡大にも太平洋戦争の開戦にも反対だったが、国策が決定された以上、自分たちは国策に従うしかないと証言していました。自分が個人的に反対であっても、そ

日独伊３国同盟締結の祝賀会で乾杯の音頭を取る松岡洋右外相。

の政策が採択された後はそれに従うのが「日本人として尊重される生き方である」と。

このマインドは戦後80年経ってもまったく変わってませんね。自民党の政治家は誰一人「アベノミクスが間違っていた」って言いません。総理大臣も財務大臣も日銀総裁も言わない。いずれ「大失敗」ということが歴史的に認定された後になってから「私個人としてはアベノミクスに反対であったが、国策がそう決まった以上、反対できる空気ではなかった」と言い訳をし始めるんでしょうけど。

池田　間違っているに決まってるよ、結果的にこんなにひどくなってるんだから。

そういうことをたしかに言わない。

内田　ミッドウェー海戦（1942年）のときもそうでした。あの時点で日本は制海権を失ったわけで、もう負けることは決定していた。でも、「歴史的大敗」と言いながら、死者数は3000人です。「わずか3000人」というと語弊がありますけれども、そこで「もう負けだ。これ以上続けても死者が増えるだけだ」と腹を括って、「手打ち」にしておけば、そのあと310万人も死ぬことはなかった。

ヨーロッパでは伝統的に軍隊の損耗《そんもう》率が30％に達したところで白旗をあげるのがルールです。それ以上戦っても、もう組織的な戦闘ができず、死傷者が増えるだけですから、無駄なことはしない。でも日本の軍隊には、そもそも「損耗率」という概念自体がなかったんじゃないかと思います。「玉砕」って損耗率100％っていうことでしょう。そんなことしても戦況はまったく変わらないのに。

実際にミッドウェー敗戦の後、水面下では講和の動きは始まっていた。だからあそこでやめていれば、戦死者はうまくゆけば数万人で済んだと思うんです。本土空襲が始まる前ですから、空襲で都市が焼かれて、大勢の非戦闘員が死ぬこともなかった。もちろん、広島・長崎に原爆も落ちなかった。満洲と台湾と朝鮮半島は失ったでしょうけれども、北方領土と沖縄は固有の領土ですから保全できた。ソ連の満洲侵攻もなかった。日本列島が米軍に長期にわたって占領されることもなかっただろうし、米国の軍事的属国になることもなかった。

もしかすると、日本人が自分たちの手で戦争責任の追及もできたかもしれない。そうであれば、今でも政体そのものは「大日本帝国」で、僕たちは「帝国臣民」だったかもしれませんけれど、憲法はずいぶん民

ミッドウェー島。同島は北太平洋のハワイ諸島北西にある環礁で、米軍のハワイ防衛の要衝だった。

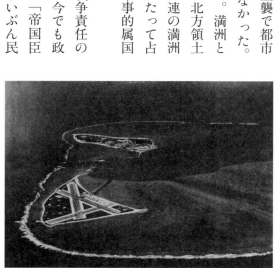

主的なものに改められていたでしょうし、国家主権は保たれていた。僕はそのほうが今の属国身分よりはずっとましだったと思うんです。

「戦争をそこで止めておけば失わずに済んだもの」ってとてつもないスケールです。それを「ここで白旗をあげたら、これまで死んだ兵隊に顔向けができない」というような没論理的な理屈で、どんどん戦線を拡大して、どんどん兵隊を無駄死にさせた。

池田　損切りができないので、次々に兵隊を注ぎ込んで死なせたわけだ。特攻が典型だ。

最初のうちは何回かうまくいったんだけど。誰も生身の人間が突撃してくるなんて思ってないから、だからアメリカ軍も驚いたんじゃないかな。だけど後のほうは戦艦のはるか手前で撃ち落とされていたみたいだから、みんな無駄死にだよね。

玉砕とか特攻は日本独特の考えだな。玉砕というコトバは1943年5月のアッツ島玉砕で初めて使われるのだけど、日本の守備兵2650名のうち、捕虜に

8月6日午前8時15分、広島に原子爆弾が投下され、巨大な原爆雲が空を覆った。

なったのは16名とも29名ともいわれていて、それ以外はすべて戦死した。その後も１９４３年11月にギルバート諸島のタラワとマキンの要塞を守っていた日本軍が玉砕するのだが、タラワの日本軍は約４６００名のうち、４５００名が戦死。マキンの守備隊は軍人３５３名のうち、３５２人が戦死、生き残ったのは１人という惨状だった。「生きて虜囚《りょしゅう》の辱《はずかし》めを受けず」という東條英機が１９４１年に発した「戦陣訓」を墨守していた大本営は、アッツ島やタラワやマキンにも援軍も送らずに、玉砕しろと命じたわけだから、むごい話だ。

合理的に考えてみれば、バンザイ突撃で玉砕するよりも白旗をかかげて降参するほうが敵に与える負荷は大きい。捕虜を収容するにも食事を与えるにもコストがかかるのだから、その分、敵の戦力を削ぐことができる。太平洋戦争の初期に日本軍に勝てないとわかった連合軍はシンガポールでもフィリピンでも日本軍に降伏している。その数は、シンガポールでは約８万人、フィリピンでは７万６０００人で、これだけの捕虜を養う日本軍は大変

アッツ島に上陸した陸軍部隊は、やがて寒さと吹雪の中で飢餓に襲われる。

だったろう。

内田　日本の官僚制はほんとうに罪が深いです。

池田　本当に。太平洋戦争を始めたやつだって、最終的にどういうふうな国にしようかなんていうことは何もわからなくて、ただやってただけでしょ。石原莞爾ぐらいだよ、未来の青写真を描いていたのは。

石原莞爾は全部自分の考えで、上の命令と関係なく満洲事変を起こした。それで満洲国を中国と共同で経営して力を蓄えてアメリカとの最終戦争に備えるべきで、今戦争しても負けるのはわかっていたから絶対にやるなってずっと言っていた。まあ石原の『世界最終戦論』は妄想の産物だけど、少なくとも未来の青写真を描いていたことはたしかだ。結局、東條英機にパージされて左遷させられてクビになっちゃったけどね。

ミッドウェー海戦で負けたときに東條英機が石原を呼んで「おまえだったら、こういうときにどういうふうにするかな」って聞いたらしい。要するに彼は戦争の専門家だから特別な戦略を言ってくれると思ったんじゃないのかな。いちるの望みを懸けて石原を呼んで尋ねたら「おまえがすぐ首相を辞めるのが一番いい」って言われたって（笑）。

東條と敵対した石原莞爾

「おまえみたいのがやってたら日本は滅ぶ」とか言って帰っていったって有名な話がある。
そこから日本は連戦連敗だから、ミッドウェーでやめるっていう決断をすれば違っていただろうね。やめるっていってもアメリカがやめさせてくれなかっただろうけど、日本が白旗を掲げて降参って言ったら、それ以上の攻撃するのは国際法上ちょっとやばいだろうし。相当、日本は悪い条件だったとしても原爆を落とされて最終的に310万人も死ぬよりはましだったと思う。
そういう決断をできるやつが政権中枢に一人もいなかったわけです。

内田 戦死者のほとんどは44年の6月に絶対国防圏が破られてからの1年間ですから。

池田 とんでもない状況だよ。44年7月にマリアナ諸島のサイパンが陥落してB29による日本本土爆撃が可能になったわけで、ここが最後の決断のタイミングだった。

内田 ミッドウェーでぼこぼこにされた後、さらに44年の6月のマリアナ沖海戦で連合艦隊は壊滅的に敗北した。遅くともその時点で講和交渉を始めていれば、特攻隊も

マリアナ上陸作戦を援護砲撃する米艦隊。

広島・長崎の原爆の死者も東京や大阪の大空襲の死者も死なずに済んだんです。その人たちが生き残っていたら、戦後日本社会はずいぶん違ったものになっていたと思うんです。大正生まれの男の7人に1人は死んでいるんですから。

池田　それも結構優秀な人が先に死んでいるから、生きていたらだいぶ違う日本だったよな。

戦争を始めるにあたり国家戦略がなかった日本

池田　僕はメルマガにも書いたけど、日中戦争を拡大したのが最初の間違いで、あのときにうまいこと石原莞爾が言うように日中戦争をやめて、中国と適当な和解をして手を打てていれば、相当いじめられたにしてもよかったのではないかと思う。

日本とフランスとイギリスとイタリアが国際連盟の常任理事国だったんだから、アメリカは入ってなかったし。それでうまいことやっていれば、ここまで国力は下がらなくて、なんだかんだ言っても一応は世界の中のエリートの国として存在していたかもしれない。

内田　連盟不参加のアメリカを加えて「世界の五大国」の一角を占めていたんですからね。

池田　それが日中戦争をずっと推し進めていって、蘭印（オランダ領東インド・現在のインドネシア）の石油欲しさに最後は南部仏印（現在のベトナム南部）に入った。これでアメリカが怒って……。それからあとの太平洋戦争は不可避だったのかもしれないけど。

石油の備蓄が1年半しかなかったので蘭印の石油が欲しかった。備蓄が1年半しかなくてよく戦争しようと考えたと思うんだけど。1年半でやっつけられればいいかもしれないけど、絶対無理だと思う。

内田　だって勝ったときの戦略がないわけですから（笑）。アメリカは日本をどう占領するかについてのシミュレーションをしていたでしょう。ルース・ベネディクトの『菊と刀』は戦争情報局から課されたレポートですからね。日本人はどのような価値観を持ち、どのような行動規範に律されているかについて中立的で科学的な人類学的研究を行っている。日本兵と戦うときだけじゃなくて、勝って日本を占領したときにどう統治すればいいのかについての、きわめてプラグマティックな知なんです。でも、日本はアメリカに勝ったときにどうやってアメリカを支配するかについて、何も考えていなかった。

小津安二郎の映画『秋刀魚の味』に、駆逐艦の乗組員だった男（加東大介）が、かつての艦長（笠智衆）に向かって、「アメリカに勝ってご覧なさい。今ごろ私もあなたもニューヨークだよ。あいつら金髪を丸髷《まるまげ》に結って、ガム嚙みながら三味線弾いてますよ。ざまあみやがれ」と吐き捨てるように言う場面がありますけれど、もしかするとほんとうに戦争指導部も「その程度」のことしか想像していなかったのかもしれない。

フィリップ・K・ディックの『高い城の男』（ハヤカワ文庫）というSFがありますね。あれはアメリカが負けて、東海岸はドイツが支配して、西海岸を日本が統治して、中西部が自治区としてアメリカが3分割された世界が舞台なんです。その日本統治地区での日本人行政官によるアメリカ支配の細部がなかなか詳しく書き込んであるんです。

アメリカ人やイギリス人はこういう「並行世界」を想像するのがけっこう好きなんですよね。自分たちが負けたときにどうなってるかを考える。イギリス人作家レン・デイトンの『SS-GB』という小説はイギリスが敗けて、ナチスドイツがイギリスを支配している世界の話です。イギリス人の警官が親衛隊員になって、対独地下闘争をするレジスタンスを弾圧するという話なんです。自虐的な設定ですけれども、彼らは、自分たちの敗北を含めたいろいろなシナリオを考えて、それぞれのシナリオでどう対処して、どう生き抜くかを考える。日本人はこういう想像力をまったく発揮しないですね。だから、日本が戦争にどういうふうに敗けるのが一番被害が少ないかも考えないし、万一日本がアメリカに勝ったらどう統治するかも考えない。

池田　なんにもない。太平洋戦争のときも現在の日本の指導者の行動規範も「一度決めたことは墨守する」「損切りができない（埋没コストを切れない）」「組織の存亡よりも個人的な義理を優先する」ということで、将来の青写真など何もない。

内田　国家戦略というものがないんです。政治学者の丸山眞男が書いていますけれど、戦犯たちの中には「私が戦争を計画した」という人が一人もいないんです。「気が付いたら始まっていた」と、まるで自然災害のように戦争について語っている。台風が来た以上、台風に処するしかないというのはたしかにその通りなんですけれど、戦争って台風とか地震じゃないでしょう。自分たちで始めたものなのに、まるで自然災害扱いなんです。

ドイツなら明確な戦争計画があるわけです。きわめて邪悪なものだけれど、明確な戦争目的がある。ユダヤ人を殲滅《せんめつ》して、スラブ人を奴隷にして、全ヨーロッパをアーリア民族が支配するという戦争目的があって、それを着々と実現していったわけです。イタリアはどうだったんでしょうね。

池田　イタリアもあんまりなかったと思うけど、日本はあまりにもひどい。それでとにかくずるずるとやるんだよ。

例えば山本五十六だって5年間くらいアメリカにいたから、アメリカの国力を完璧に知ってるわけだ。だから絶対負けるってわかってたんだけど、それでも最後は結

ブーゲンビルのジャングルに撃墜された山本長官一行座乗の1式陸上攻撃機の胴体後部とエンジン。

局、真珠湾攻撃の作戦を全部立てさせられて、やらされるわけでしょ。負けるとわかっていても自分もやるわけだよ。山本五十六も自分では戦死するって知ってたみたいだけど、ああいう形で戦死するとは思ってなかったんだろうね。戦艦かなんかに乗ってそこで撃沈されるんじゃないかと思ってたらしい。でも、ブーゲンビル島上空で乗っている飛行機を撃墜された。暗号を解読されていたという。日本は情報戦にまったく弱くて暗号はほぼ解読されていて、ミッドウェー海戦に敗れたのも、暗号を解読されていてアメリカの艦隊に待ち伏せされていたからだ。

山本五十六もそうだけど、わかってるにもかかわらず、とにかく負ける戦いを一所懸命立案してやるっていうパトスがどこから来るのかわからない。それも国が決めたことだからやらざるを得ないということなんだろうけど。不利になったときに最小の損害で収束しようという考えが政権中枢にはほとんどなかった。

ダメージをミニマムにする発想のない日本の官僚

池田　ほんとうに、日本の官僚の罪は重いと思う。臨機応変に、もう駄目だからっていう損切りができないんだよ。損切りができない株の投資家も全部損する。

内田　日本の官僚も政治家も知識人も、全員がそうなんですけれど、「最悪の事態になった場合に、被害をどうやって最小化するか」という発想をしないんです。すべてうまくいったらこれだけの利得があるという話はうれしそうにいくらでもするんですけれども、その逆に、打つ手が全部失敗した場合に、どうやってダメージを最小化するかという「リスクヘッジ」という考え方がないんです。そもそも「リスクヘッジ」という言葉の訳語が日本語にないんです。

池田　そうだ。

内田　日本の伝統として、外来の概念は、明治以来漢字二字に翻訳する習慣ですけれども、「リスクヘッジ」はカタカナのままなんです。「フェイルセーフ」にも訳語がない。「フェイルセーフ」というのは機械が故障したときに必ず安全な方向に壊れるという工学上の決まりのことです。踏切が故障したときには必ず踏切棒が下がる。自動車のエンジンが制御不能になったときには回転が下がる。故障するときにダメージが最小になるように設計することなんです。

本来は政策もそうでなければならない。政策が失敗したときに被害が出ない方向で停止するように制度設計をするのがフェイルセーフなんですけども、これ、日本語がないんです。リスクヘッジもフェイルセーフもいまだに日本の語彙《ごい》に登録されていない。だから、たぶん日本人の多くはそれらの語義を理解していない。おかしいと思うんですよ。だって、他の言葉はどんどん日本語の語彙に入ってきているのに、「プランAが失敗した場合」について考えるスキームだけが日本語語彙への登録を拒絶されている。

明治時代には外来語を漢語二字に訳したんですけれども、ある時期から漢語運用能力が低下したので、今度はカタカナ4文字に略すようになりました。「パソコン」とか「デジカメ」とか「ワープロ」とか片っ端からカタカナ4文字にした。それは一応それらの概念が日本社会に定着したということです。「セクハラ」も「ポリコレ」も、日本人は日本にも「そういうものがある」ということは認めたわけです。にもかかわらず、「リスクヘッジ」と「フェイルセーフ」についてだけは頑なに日本語の語彙に加えない。このような思考スキームそのものが嫌いなんです。これはもう国民性だと思います。

バブル以降も株価に踊らされる貧乏な日本人

池田　バブル以降の軌道修正がなかったのも、今の日本の失敗につながっていると思う。
今年の7月11日に日経平均株価が4万2224円を記録して日本株史上最高値って言われたけど、あの時点で売り払った賢い人はあんまりいなかった。今は下がってるけど、僕はもう1回上がると思う。もう1回上がって4万5000円ぐらいになったときに暴落するだろうね。そのときに、今回上がったんだからまだ待ってようと思う日本人はいっぱいいて。

新ＮＩＳＡって日本人に株を買わせるために日本の政府が何らかの操作をしてるんじゃないかと思う。貧乏人から金をふんだくって、それを最終的に日本政府、あるいは外国の投資家が奪ってしまおうっていう戦略だと思う。

新ＮＩＳＡを始める人はみんないいことばかりしか考えなくて、「2年たったら倍になりますよ」と言われて買ってるけど、日本株とか日本の投資信託を買うと全部パアになっちゃうよ。だって一所懸命すごく宣伝してるでしょ、ＮＩＳＡ、ＮＩＳＡって。なんで宣伝してるかというと、自分たちがもうけるため。他人がもうかるために宣伝するやつなんて誰もいないんだから。買うんだったらアメリカ株かアメリカを対象にした投資信託のほうがまだましだと思う。

日本の株とか国内投資信託を買うのは最悪だと思うよ。

内田　4万円なんて何の実感もないですもんね。1989年の3万9000円になったときの日本中の沸き立ち方はすごかったですけれど。

池田　あれはすごかった。

当時、東京都区内の土地を全部売ればアメリカ全土が買えるなんて言って、それでみんなはしゃいでたんだ。そんなの買ってどうするんだっていう話だけど（笑）。

内田　山手線の内側の地価がアメリカの地価と一緒とか、日本の地価の合計でアメリカ2個買えるとか（笑）。

日経平均の推移

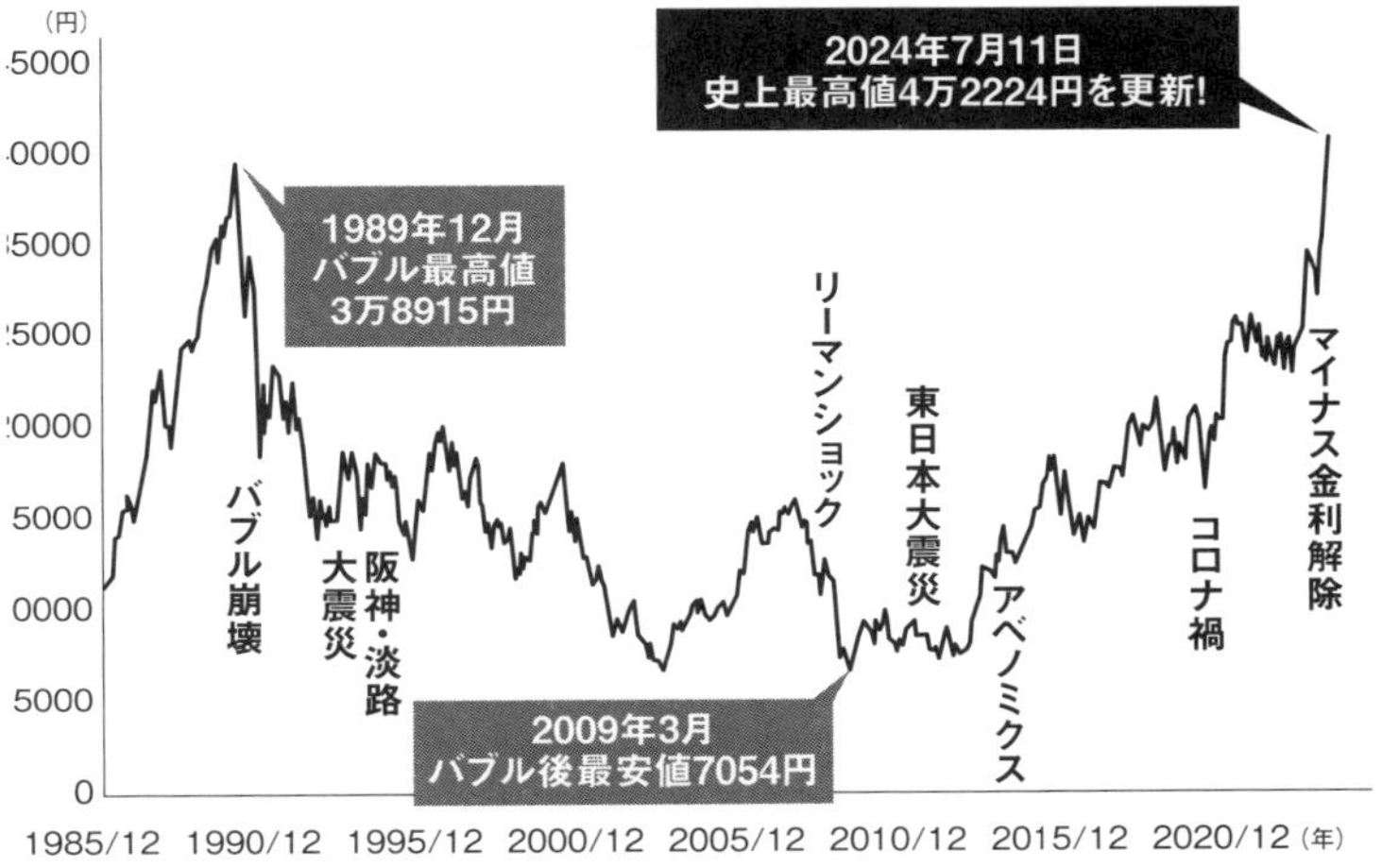

実際に今は中国人が日本の各地で土地を買ってますけど、それを国難みたいに言うのはおかしいと思うんです。だって、バブル期に日本人も外国の不動産を買いまくっていたじゃないですか。

80年代に、僕は、都立大学の仏文研究室の助手をやっていたので、フランスの週刊誌や月刊誌が来るのをぱらぱら読んでいたんです。そのときに「ル・ポワン」という週刊誌が「日本の侵略」という特集を組んでいました。日本人がヨーロッパ各地でシャトーをばんばん買っているという記事でした。フランスだけじゃなくて、スペインのコスタ・デル・ソルやオーストラリアのゴールドコーストにも広大な土地を買っていた。そこにお金持ちの高齢者用のコミュニティを作って、ゴルフをやって余生を遊んでくだ

世界時価総額ランキングTop50（2022年）

順位	企業名	時価総額(億ドル)	業種	国名
1	Apple	28,281.9	IT・通信	アメリカ
2	Microsoft	23,584.4	IT・通信	アメリカ
3	Saudi Aramco	18,868.9	エネルギー	サウジアラビア
4	Alphabet	18,214.5	IT・通信	アメリカ
5	Amazon.com	16,352.9	サービス	アメリカ
6	Tesla	10,310.6	一般消費財	アメリカ
7	Meta Platforms	9,266.8	IT・通信	アメリカ
8	Berkshire Hathaway	7,146.8	金融	アメリカ
9	NVIDIA	6,817.1	IT・通信	アメリカ
10	Taiwan Semiconductor Manufacturing	5,945.8	IT・通信	台湾
11	Tencent Holdings	5,465.0	IT・通信	中国
12	JPMorgan Chase	4,940.0	金融	アメリカ
13	Visa	4,587.8	金融	アメリカ
14	Johnson&Johnson	4,579.2	一般消費財	アメリカ
15	Samsung Electronics	4,472.9	IT・通信	韓国
16	UnitedHealth Group	4,320.0	保険・医療	アメリカ
17	LVMH Moet Hennessy Louis Vuitton	4,134.3	一般消費財	フランス
18	Home Depot	4,117.1	サービス	アメリカ
19	Bank of America	4,053.0	金融	アメリカ
20	Walmart	4,025.0	サービス	アメリカ
21	Procter&Gamble	3,938.2	一般消費財	アメリカ
22	Kweichow Moutai	3,835.0	一般消費財	中国
23	Nestle	3,762.6	一般消費財	スイス
24	Mastercard	3,637.3	金融	アメリカ
25	Alibaba Group Holding	3,589.0	IT・通信	中国
26	Rodhe Holding	3,535.1	医療関連	スイス
27	ASML Holding	3,174.8	IT・通信	オランダ
28	Pfizer	3,126.4	医療関連	アメリカ
29	Exxon Mobil	2,916.0	エネルギー	アメリカ
30	Walt Disney	2,810.9	サービス	アメリカ
31	トヨタ自動車	2,807.5	一般消費財	日本
32	中国工商銀行	2,673.0	金融	中国
33	L'Oreal	2,618.8	一般消費財	フランス
34	Coca-Cola	2,605.6	一般消費財	アメリカ
35	Cisco Systems	2,577.8	IT・通信	アメリカ
36	Broadcom	2,557.0	IT・通信	アメリカ
37	Nike	2,484.8	一般消費財	アメリカ
38	Eli Lilly and Company	2,482.3	医療関連	アメリカ
39	Adobe	2,429.9	IT・通信	アメリカ
40	中国建設銀行	2,425.1	金融	中国
41	Chevron	2,410.1	エネルギー	アメリカ
42	Pepsico	2,407.5	一般消費財	アメリカ
43	Abbott Laboratories	2,397.0	医療関連	アメリカ
44	Netflix	2,396.6	サービス	アメリカ
45	Thermo Fisher Scientific	2,392.1	医療関連	アメリカ
46	Abbvie	2,384.4	医療関連	アメリカ
47	Costco Wholesale	2,377.6	サービス	アメリカ
48	Accenture	2,345.3	サービス	アイルランド
49	Oracle	2,337.3	IT・通信	アメリカ
50	Novo Nordisk	2,323.8	医療関連	デンマーク

世界時価総額ランキングTop50（1989年）

順位	企業名	時価総額(億ドル)	業種	国名
1	日本電信電話	1638.6	IT・通信	日本
2	日本興業銀行	715.9	金融	日本
3	住友銀行	695.9	金融	日本
4	富士銀行	670.8	金融	日本
5	第一勧業銀行	660.9	金融	日本
6	IBM	646.5	IT・通信	アメリカ
7	三菱銀行	592.7	金融	日本
8	Exxon	549.2	エネルギー	アメリカ
9	東京電力	544.6	エネルギー	日本
10	Royal Dutch Shell	543.6	エネルギー	イギリス
11	トヨタ自動車	541.7	一般消費財	日本
12	General Electric	493.6	工業	アメリカ
13	三和銀行	492.9	金融	日本
14	野村證券	444.4	金融	日本
15	新日本製鐵	414.8	工業	日本
16	AT&T	381.2	IT・通信	アメリカ
17	日立製作所	358.2	工業	日本
18	松下電器	357	一般消費財	日本
19	Philip Morris	321.4	一般消費財	アメリカ
20	東芝	309.1	工業	日本
21	関西電力	308.9	エネルギー	日本
22	日本長期信用銀行	308.5	金融	日本
23	東海銀行	305.4	金融	日本
24	三井銀行	296.9	金融	日本
25	Merck	275.2	医療関連	ドイツ
26	日産自動車	269.8	一般消費財	日本
27	三菱重工業	266.5	工業	日本
28	DuPont	260.8	原材料・素材	アメリカ
29	General Motors	252.5	一般消費財	アメリカ
30	三菱信託銀行	246.7	金融	日本
31	BT Group	242.9	IT・通信	イギリス
32	BellSouth	241.7	IT・通信	アメリカ
33	BP	241.5	エネルギー	イギリス
34	Ford Motor	239.3	一般消費財	アメリカ
35	Amoco	229.3	エネルギー	アメリカ
36	東京銀行	224.6	金融	日本
37	中部電力	219.7	エネルギー	日本
38	住友信託銀行	218.7	金融	日本
39	Coca-Cola	215	一般消費財	アメリカ
40	Walmart	214.9	サービス	アメリカ
41	三菱地所	214.5	不動産	日本
42	川崎製鉄	213	工業	日本
43	Mobil	211.5	エネルギー	アメリカ
44	東京ガス	211.3	エネルギー	日本
45	東京海上火災保険	209.1	金融	日本
46	NKK	201.5	工業	日本
47	American Locomotive	196.3	工業	アメリカ
48	日本電気	196.1	一般消費材	日本
49	大和證券	191.1	金融	日本
50	旭硝子	190.5	原材料・素材	日本

さいという計画でした。たしか「シルバー・コロンビア計画」というプロジェクトで、海外のメディアには「日本がついに老人まで輸出し始めた」って言われた（笑）。

だから今、中国人が北海道の土地を買ってることにいきり立つ人がいますけれど、ちょっと待ってくれよと僕は思うんです。バブルの頃に、日本がどれぐらい海外で土地を買い漁っていたのか、あんた忘れちゃったんですか、と。もちろん、シャトーもワイナリーもアパルトマンも、買い漁ったものを、そのあと日本人はおおかた手放してしまった。国運が衰えるというのはそういうことです。お金があると誰でも「そういうこと」をするものなんです。日本人はかつてお金持ちだったので、「そういうこと」を世界中でやったんです。同じことを中国人やオーストラリア人がすると怒るというのは筋が通りません。

池田　高い美術品や絵とかも買ってた。

内田　１９８７年にはゴッホの「ひまわり」を保険会社が58億円で買いましたからね。89年にはソニーがコロンビア映画を買い、三菱地所がマンハッタンのロックフェラーセンターを買った。値札がついているものは何でも買うぜという勢いでしたね。

池田　そうだよ、あの頃は本当にすごかった。１９８９年ぐらいがピークかな。

内田　89年がピークでした。その年の株価総額ランキングで、50社のうち32社が日本でしたからね。１位から10位までの7社が日本の企業だった。

池田　そうです。１位はＮＴＴ（旧・日本電信電話）。それから銀行系が多かった。トヨタが11位。だからその上はすごかった。今は50位内に日本はトヨタ１社しか入ってない。だからどれだけ日本が衰退したかっていうことだよ。

俺たちはそれをリアルタイムで見てたわけだから。日本すごいすごいって言ってるけど、本当、日本がすごいのは衰退の速度だね。この落ち方は半端じゃないよ。

なぜ日本は貧乏くさい国になったのか

内田　高度成長とバブル経済のときを僕たちの世代は間近で見ていましたから、今はそのプロセスを逆にたどっているような気がします。成長も急だったけれど、没落も急です。どうしてレジリエンス（復元力）が働かないんだろうと思います。

バブル崩壊の後、２０１０年に中国に抜かれて世界ＧＤＰ第３位になりましたけれど、３位とはいえ随分お金持ち国だったのに、落ち目になったとたんに日本はいきなり貧乏臭くなってしまった。

池田　２０２３年にドイツに抜かれたでしょ。

内田　ドイツに抜かれて４位になりましたけど、この先はもう落ちるだけでしょう。一人当た

2023年 名目GDP（IMF統計）

順位	国名	単位：百万US$	順位	国名	単位：百万US$
1	米国	27,357,825	6	イギリス	3,344,744
2	中国	17,662,041	7	フランス	3,031,778
3	ドイツ	4,457,366	8	イタリア	2,255,503
4	日本	4,212,944	9	ブラジル	2,173,671
5	インド	3,572,078	10	カナダ	2,140,086

OECD加盟諸国の1人当たりGDP（2022年／38カ国比較）

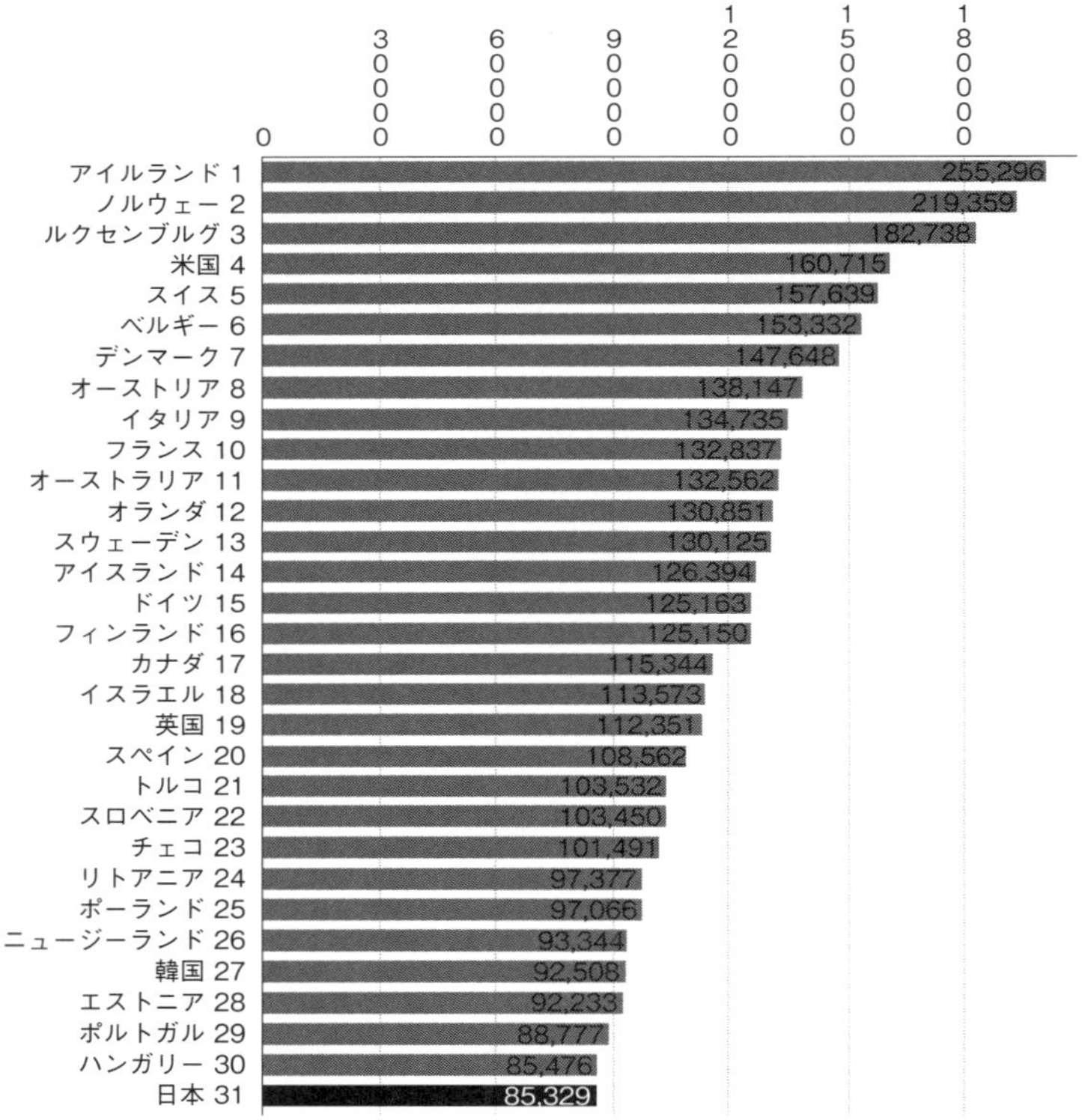

りのGDPってもう……。

池田　一人当たりのGDPはOECD加盟国38カ国中31位（2022年）。23年は34位。微妙というか先進国じゃない。

すごい落ち込みようだよな。それにもかかわらずなんで株価が史上最高値に？

内田　誰かに説明してほしいですね。僕には意味がわからない。

池田　訳がわからない。

内田　どうやったら株価が上がるのか。

池田　実体経済とまったく違うんだから、株価を吊り上げようとしてるやつがいるんでしょう。

内田　そうですよね。事業内容と関係なしに株が乱高下している。今株をやるのは博奕《ばくち》ですよ。

池田　7割ぐらい外資じゃないかな、買ってるのが。だから取りあえず上がって、日本人が「これはもうかるぞ」と思ってつぎ込んで、適当な所に行ったら売っぱらってくる。結局、ババをつかむのは日本の一般庶民の投資家だよ。そういう話に絶対なると思う。

内田　博奕って、玄人だけでやっていると場が渋くなるんです。だから、なんとかして素人を賭場に連れ込もうとする。一攫千金を夢見て賭場に紛れ込んでくる素人から巻き上げないと玄人は金にならないんです。

池田　だいたいそうだよ。だからババをつかまされる前に売っぱらっちゃえばいいわけだけれども、持ってるとね。

内田　欲をかいてもうちょっと、もうちょっとって言っていると、ある日暴落が始まる。「この辺が一杯」だと見切ることが素人にはできないんです。

池田　あるいは、ちょっと前に高値がつくとする。それまではいくだろうと思って持っている。そうするとどんどん下がる。

内田　一度下がりだすとみんなパニックになりますからね。

池田　難しいよね。株なんて、なんの実態も反映してるわけじゃないから。関係ないんだよ。

内田　よく「株は美人コンテストみたいなものだ」と言うじゃないですか。自分が「美人だ」と思う人に投票するんじゃなくて、「みんなが美人だと思って票を入れる人」に投票する。株価が上がるというのはたぶんそういうことだと思いますよ。「この株をみんなが買いそうだ」と思う株をみんなが買う。事業内容なんか知らないで。

池田　知らないよ、そんなの。ハハハ。

内田　幻想で動いているんですよね、経済なんて。

狩猟民に学ぶ財産の使い方

池田　雑誌で読んだんだけど、アマゾンの奥地にいるある狩猟採集民族の人たちは、おもしろいよ。

子どもは2歳ぐらいまではお母さんに面倒を見てもらうけど、ある程度大きくなると、自分1人で山に獲物を捕りに行く。捕り方を誰も教えてないから、大人の後からくっついていって見て覚えて、見よう見まねでやる。それでやっとうまく捕れるようになって捕ってきたときに獲物をどうするかというと、村に帰ってきてお母ちゃんとか料理する人に獲物を渡してふて寝するんだ。自慢しない。

なぜ自慢しないかというと、獲物を捕って自慢すると、そいつを周りのやつがリスペクトしなきゃならないでしょ。そうするとそこに階級が生じるから。それで獲物を捕ったやつはなるべくふてくされているのが、その村の伝統なんだよ。

大人も捕ってきたときにふて寝をしてるわけ。だから捕ってきたやつは偉くない。本当は偉いんだけど、偉いって言うとうまいやつはどんどん偉くなっていって、要するに社会的な地位も高くなるから、それを抑えるために自慢はしない。全部を公平に分ける。

だけどもちろん捕ってきた人はうれしいよ。そこにずっと住んでる日本人がその少年と仲良くなるんだけど、夜になったらどうやって捕ったかってすごく自慢そうに私にだけしゃべってくれたって書いてあった。うれしいけどうれしいふりをしないんだ。

内田　よくできたルールですね。

池田　すごいルールだよ。だから昔の狩猟採集民族ってみんなそうだったんだと思う。ボルネオなんかでもそんな話を聞いたけれども、自慢しないというより、人にどんどんあげちゃう人が一番リスペクトされる。だからがめつく取っとくやつは駄目。

要するにキャパが決まってるわけだから、獲物を1人が独占しちゃうと周りの人が捕れなくなっちゃうから、うまいやつがいっぱい捕って自分の私有財産にしちゃうと他のやつが困っちゃう。どんどん配るやつが一番偉い。何も持ってなくてどんどん配るやつが一番偉いというのが、そういう部族の言ってみれば文化なんだよね。

今の日本と全然違うよ。日本はひたすら独占して、一番金を持っているやつが偉いから。アメリカのイーロン・マスクみたいに、金もうけがうまいやつがどんどん資産を増やしてる。ビル・ゲイツはどんどん寄付しちゃうから、そういう点でちょっと偉い。ビル・ゲイツは日本円にして当時で10兆円、今だったら15兆円ぐらいに決めといて、それを超えると寄付しちゃうんだよ。だから本当だったら世界一の大金持ちなのに、寄付する額が大きいからそうならない。

そういうポリシーを持ってる。それは偉いと思う。本人はそれを偉いと思ってないんだけど、俺がこんなに持っててもしょうがないからってあげちゃう。

自分の子どもには最低限暮らしていけるだけデポジットしてて、あとは全部人にやっちゃうっていう、そういう一種のポトラッチ（儀礼的な贈答競争）精神みたいのがあるんだよな。最低限、といっても相当な金だろうけど。

エスキモーは、ポトラッチっていうことをやってた。エスキモーは相手から物をもらったら必ずお返ししなきゃいけない。それをしないとパージされちゃう。それがどんどん高じると、相手から例えば10もらったら13返さなきゃいけない。13もらったら15返さなきゃいけない。15になったら20ってどんどんエスカレートしていく。最後は何するかっていうと、相手の目の前で自分の一番重要な財産を燃やしちゃったりする。

内田　ボートを燃やしたり、家を燃やしたりするそうです。

池田　そう。家を燃やしたりするのをポトラッチっていうけど、それはそれでいき過ぎだ（笑）。

内田　価値あるものを手に入れたけれども他人に分けないで退蔵していると「悪いこと」が起きるという思い込みはどんな社会集団にもあるんです。他人から何かを贈与されたら、反対給付義務が生じる。もらうだけで「お返し」しないと「何か悪いこと」が起きる。そういうことは古代から現代までずっと信じられています。

ルネサンス期のメディチ家とかお金持ちは死ぬ前になると巨額の献金をして教会を建てたりしますよね。あれはキリスト教が「金持ちが天の国に入るのはラクダが針の穴を通るより難しい」と教えているからなんです。どんな大金持ちでも、死ぬ間際になると天国に行きたくなる。そうなると財産を退蔵しているとまずいと思うようになる。それであちこちに寄付する。天国に行きたいからなんです。

アメリカは19世紀末の資本主義の勃興期に「鉄道王」とか「石油王」とか「新聞王」とか、「なんとか王」という大富豪がぞろぞろ出てきましたけれど、この人たちもやっぱり公共のために寄付をしているんです。スタンフォードとかカーネギーとかモルガンとか、大学を作ったり、コンサートホールを作ったりしてますけれど、これはメディチ家が教会を建てたのと理由は同じだと思います。

財貨を退蔵することがもたらす最大の危険は、他人から嫉妬されることです。嫉妬は強い現実変成力を持っている。『源氏物語』で六条御息所《みやすどころ》は嫉妬から生き霊《りょう》になって、葵上や夕顔を取り殺してしまうわけですから、すごい力です。

池田先生がおっしゃった狩猟民族では自慢が禁忌になってるのは、嫉妬という感情が生じないための工夫なんでしょうね。

池田　昔の人はそういう知恵があったんだよな。今では狩猟民族にしかそういう知恵はなくなった。嫉妬っていうのは人間を動かすもっとも根源的な感情です。嫉妬を上手に飼いならさないと社会はタガが外れます。ネトウヨをもっとかしているエネルギーはほぼ嫉妬ですもん。

「オギャーと言ったら7万円支給」システムが日本経済を立て直す

池田　今はもうとにかくグローバルキャピタリズムになった後、退蔵するほうが偉いみたいな話になっちゃった。でも、今の日本だって、ポトラッチとは言わないまでも、ある程度人に惜しみなくあげる人のほうが当然、人望が高い。おごってもらった人の悪口は、あんまり言わないもん。

養老さんは、よくわかってて、自分の私財をはたいて若いやつらとか年寄りとかを集めてごちそうして全部自分で払ってるから、養老さんの悪口を言うやつはいないもの（笑）。

内田　本当にそうだ（笑）。

池田　それって大事なことだよ。僕だって早稲田の教授をしてたときに学生とコンパをやると大体ほとんど全部払ってた。そんなに金があるわけじゃないから、30人も来ると、「じゃあ1人1000円だけ出せ」って言ったけど。

そうするとゼミで、「この仕事、やってくれないか」って頼むと、大抵みんなやってくれた。

嫌だって言うやつはいなかった。それってギブ・アンド・テイクみたいな話だよ。だから、単純に言うと、いかにして今の日本でギブ・アンド・テイクを全国的規模でやるのかが大事。それができてないわけでしょ。だから貧乏人はどんどん貧乏になる。

これを実現するには、財の配分システムをうまく構築する必要がある。それをしないと、国民の嫉妬心がスレッショルド（閾値《いきち》）を超えて面倒なことになる。

国に金がないから税金を上げろという話になると、僕はいつも言ってるとおり、歳入と歳出のバランスを取らなきゃいけないっていうのは誰が考えたのかわからないけど、そんなことをする必要ない。日本にはすごい借金があるのにつぶれてないんだから、どんどん借金しても大丈夫だよ。エコノミストの森永卓郎氏がそういうことを言ってるんでしょ、ＭＭＴ理論（現代貨幣理論）。このＭＭＴ理論によれば、通貨発行権のある国は財源の心配は無用で好きなだけ支出ができる。

内田　結構多いですよね、それを支持してる人。若い経済学者も。

池田　そう、僕なんかも完全にそう思う。ただ、それをベーシックインカムの原資にしろと言ってる人はあまりいないな。僕はＭＭＴ理論で、どんどんお金を刷って、国民に一律に撒《ま》いちゃえばいいと思ってる。

内田　池田先生はベーシックインカムに賛成ですか？　ベーシックインカムのいいところはい

ろいろ言われているけれど、ベーシックインカムでもらったお金だけで生活のレベルを上げようと思ったら、物価の高い都市部を離れて田舎に引っ越すようになるというトレンドができるんじゃないかと僕は思ってるんです。月額7万円じゃ東京ではまずまともな一軒家なんか借りられませんが、田舎に行くと、一軒家でも月5000円とかいう物件もある。地方のほうが物価も安い。農山漁村だと近所の人が食べ物を持ってきてくれる。自分で畑でもやれば、野菜は不自由しないで済む。だから、ベーシックインカムを導入すると、地方移住する人が増えるんじゃないかな。

池田　賛成。すべての人に同じだけあげるのがベーシックインカムのいいところで、そうするといろんな細かい規則を作る必要がないんです。そういうことを言うと、必ず「貧乏人にはあげるけど金持ちにはあげちゃいけない」とか言う人がいるけど、そういうことをすると、どのぐらいの線引きをしなきゃいけないとか、インチキをした人にペナルティを科すとか、いろいろなルールを決めなきゃいけないでしょ。そのためのシステムを作るとなると、それにどれだけ人が張り付くことになるか。それにすごくコストをかけるのはバカらしい。

そしたら全員にとにかくあげちゃえばいい。それで何をするかというと、確定申告のときにお金があるやつから税という形でうんと取ればいいんだよ。最初の出口というかお金をあげるときには区別しないで、もらった後にいろんなところでもうける人がいっぱいいるから、確定申告をしたときに吸い上げれば別に問題ない。だからみんなにあげてしまえばいい。

悪くないよね。原資をどうするかが一番の問題だね。税金から取ろうっていうと大変だから、さっき言ったようにMMTで国債でもどんどん出して半分ぐらい充てて、あとは富裕層から少しもらったほうがいい。

内田　法人税を上げるべきです。

池田　中小企業は法人税ってほとんど払ってないところが多いと思う。僕なんかも法人は赤字だから消費税は払っているけど、法人税は法人住民税の均等割り以外は払っていない。ほとんどの中小企業の法人は赤字だから払っていないと思う。だから法人税を上げても庶民は全然困らない。法人税なんか下げたってしょうがない。大企業を優遇するだけだから。だから法人税を上げりゃいいんだよ。内部留保金の総額が500兆円以上とかバカげているよ。従業員の給与を上げないのなら法人税を上げるしかない。

本当に消費税を上げるより法人税を上げたほうがいいよ。それから富裕層から取ろうと思ったら、株の売買は損することもあるから、今の税率の約2割は、それはしょうがないと思うけど、配当は損しようもないから、配当所得の税率をもっと上げたらいい。

株は売ったらマイナスになることもあるから、得したときだけ譲渡所得を2割払えというのは合理的だと思うけど、配当って絶対マイナスの配当にはならないから、例えば配当所得が1

億円以上あるやつは5割とか、そういうふうにして取ったらいいと思う。配当だけで食ってるやつはいっぱいいるから。

内田　なるほど。世の中は広いんですね。僕はそんな人には会ったことないけど。

池田　今すごいでしょ。円が安いからアメリカの株を持ってるやつは、ただそれだけでどんどん日本円に換算した資産が増えていく。

僕は結構アメリカの株を持ってたんだ。それでちょっと上がったんで売ったんだ。そしたらドルベースでは、ちょっとしかもうかってないのに結構な額の税金を払わされてびっくりした。

1ドルが100円から150円に上がっちゃったから、その差が全部もうけになっちゃってるわけ。ドルで売り買いしてるからドルベースでは全然増えてないのに。日本の税制だと払わざるを得ない。円に換えるつもりはないので、得したか損したかわかんない。円に換えちゃえば得するのかもしれないけど。円換算では名目的にもうかったといっても円安では世界水準という観点からはまったくもうかっていない。だから円安なのに給料を上げないのは実質的には賃下げと同じです。

内田　ベーシックインカムの話は、それを実施したら何が起きるかを想像するとなかなか面白いですね。大した金額じゃないですから。

池田　そうすると、大家族で住んでいれば、結構な金になる。

内田　４人家族だったら毎月28万円。それだとやっていけますよね。

池田　家賃がいらなかったら、それでやっていけるでしょ、十分。少子化も改善されると思う。子どもが生まれたらまたもらえるんだから。

内田　10人いたら大変ですよ（笑）。それがベーシックインカムのピットホール（落とし穴）で、「悪いやつが奥さんをはらませて子どもを10人とかつくって一生遊んで暮らすのでは」と言われかねない。でも、そんなこと本気で考えるやつはごく少数でしょう。

池田　子どもは15歳ぐらいになるまではあげなくてもいいとか、あるいは小学校に上がるまではあげないで、そこからはあげるとか、そういうルールを作ろうと考えるやつがきっと出てくるよ。

内田　なるべくシンプルなのがいいですよね。

池田　そう、なるべくシンプルにしないと。

内田　「おぎゃーっと言ったら7万円」ぐらいの緩い規則にしてほしい。面倒がないから。

池田　それが一番簡単、それが一番シンプルだね。少子化はあっという間に解消されるよ。そうしないと、ああでもないこうでもないって言う人がいるでしょ。そうすると次から次へと付加的な規則をつくる。規則の多さが今の日本の一番の元凶なわけだから規則はできるだけないほうがいいんだよ。

第3章

葛藤国家・日本の誕生

学生運動がさかんだったのは学生の生活にゆとりがあったから

池田　内田さん、学生を怒ることはあんまりしないでしょう？

内田　ないですね。

池田　僕も学生を怒ったことはない。「先生、なんで怒らないんですか」っていつも言われてたけど。

内田　僕、大学では「フランス語の単位が取れないときは内田のとこに履修登録しろ」って言われていたようです。「仏のウチダ」。

池田　僕は早稲田大学の国際教養学部にいたんだけど「国教の神」って言われてたよ。

内田　神ですか！　神と仏だな（笑）。

池田　僕のおかげで卒業できた学生が少なくても100人くらいはいるはずだよ。僕の授業は1クラス100人から150人ぐらいいたから。

内田　すごい人数ですね。第二外国語は必修だから、やっぱり60点取らないと落とすしかないんです。単位を落とし続けて4年生になって僕のフランス語を履修する学生たちはもう後がない。その子たちには「とりあえず授業に出席して、試験だけは受けてね」って言ってました。

試験で45点ぐらいだったら下駄を履《は》かせて60点にして出しちゃいます（笑）。

池田　別に教える側は損しないし、その子たちは大学を卒業しないと大変だからね。今、学費が高いから、本当に苦労している。

内田　フランス語1つ落として、その2単位を取るために半年分の学費払わせては気の毒ですよ。

池田　何十万も払わなきゃいけない。僕らの頃は1万2000円だったから、「別にたいした額でもないからいいか」って言えたけど、今は大変。

内田　われわれの時代の国公立大学の学費はほんとうに安かった時代ですよね。国立大学の授業料が月額1000円で入学金が4000円でしたから、半期授業料と入学金あわせて1万円で大学生になれた。

池田　60年代後半辺りは、1万円あれば大学に入れたんだよね。だから親からもらう必要がなかった。ちょっとバイトすれば。

内田　そうなんです。1万円で大学生になれるんですから、親に出してもらう必要がなかった。親が「そんな大学はダメだ」と言っても、「じゃあ、自分で金出すから」と言えたんです。高校生が進路を自己決定できた。

池田　そうそう。それから、留年するのも自分で勝手に決められたから「もうちょっと大学生やって遊んでたい」とか言って、８年いたやつもいたもん。

内田 コーヒー1杯が60円という時代ですからね。もうちょっと高かったかな。僕が大学に入ったのは１９７０年ですけれど、たしかロングピースが80円、ハイライトが70円でした。

池田 一番安かったたばこが朝日、それからゴールデンバット。

内田 ゴールデンバット、30円。20本入りで。

池田 トントントントンって叩くと半分くらいになっちゃってスカスカになった。

内田 部屋を借りるにしても、ちょっと駅から遠い、狭い部屋だったら何千円かで借りられましたからね。時代は高度成長期で、バイト代はどんどん上がる。僕は学習塾のバイトをしていましたが、時給５００円でした。時給５００円だと2時間働けば大学の月謝が払えた。

今だとバイトで時給１２００円もらっても、授業料が53万円ですから、月４万５０００円。時給１２００円のバイトでも37時間以上働かないといけない。

池田 昔と全然違う。

内田 昔は学生はほんとに暇だったです。それはとにかく学費が安かったからですね。

池田 本当に。だから授業が休講になっても誰も文句を言わなかった。

僕も家庭教師のバイトを何件か掛け持ちしてた。だいたい週に１回行けば１カ月４回。それでだいたい１万円はくれたもんな。いい所は１万５０００円とかくれるところもあった。そうすると3つぐらい掛け持ちすると、4、5万円になるじゃない。全然、余裕だよ。

内田　70年代に月に4、5万といったら、もうリッチですよ（笑）。

池田　リッチだよ、リッチリッチ（笑）。

内田　あの時代に学生たちがさかんに学生運動をしていましたけれど、理由の一つは学生たちが割りと金回りがよかったからなんですよ。全学バリ封とかロックアウトとかをやってるじゃないですか。だから、授業なくて暇なんですよ。みんなバイトできた。

都内に実家がある学生も、親の監視がうるさいから、アパート借りて暮らした。家を出てしまえば、大学に行ってるのか、デモに行っているのか、遊んでいるのか、親にはわからない。だから、ほんとうに自由だった。

でも、それができたのは、高度成長期だったからなんですよね。どこの会社もとにかく仕事がじゃんじゃん来るので、「猫の手も借りたい」という状況だった。過激派であろうと一般学生であろうと雇う側からすれば、仕事ができればいいわけで。

池田　でも、60年代に学生運動が激しかったから、政府は学生を黙らせようと思って、黙らせるのに一番簡単なのは、学生を貧乏にすることだと思ったんだろうね。学生が自由に金を使って好きなことしてると勝手なことを言うから、それで学費をどんどん値上げした結果、こんなことになったんだろうね。

今、日本の国力を上げるもっとも簡単な方法は、国立大学の学費をゼロにすることだね。すると貧乏でも優秀な学生が国立大学に入ってくる。国立大学のレベルが上がって学費がタダならば、優秀な学生も海外に流出しなくなる。国立大学の学生数は約60万人。一年にかかる学費は60万円だから、国が全部肩代わりしても3600億円。大した金じゃない。国家予算約112兆円のたかが0・32%だ。

「日米安保反対」は正しかった

池田　昔の学生はお金を稼げたけれど、社会への不満のようなものは強かったわけだけど、それは今の学生とは不満の種類がちょっと違う。

内田　あれは、何て言ったらいいんでしょう。

池田　その頃の社会的な雰囲気として、「政権の犬みたいになってるのはみっともねえ」という感じがあった。

内田　僕はやっぱりあの時代（60年代〜70年代）の学生たちを駆り立てた最大の動機はベトナム反戦だったと思うんです。羽田に行ったり佐世保（エンタープライズ入港阻止）に行ったり、米軍がベトナムに行くのを阻止しようというのが目的でしたから。日本がベトナム戦争に加担して、その後方基地として侵略を支援し、かつ経済的に潤うことに、学生たちは疚《やま》しさを感じていた。だから、「大学解体」とか「自己否定」というスローガンを掲げたんだと思います。あれは日本がアメリカ帝国主義のアジア侵略に加担していることへの自己処罰を意味していたと思います。

ベトナムでは農民たちが世界最強の軍隊と地べたをはいずるようにして戦っているのに、自分たちは同じアジアの人間でありながら、侵略の片棒を担ぐことで豊かな生活をエンジョイしている。

池田　知らぬうちにベトナム戦争に加担させられているという後ろめたさはあったと思う。

内田　そのことに対する深い罪悪感が学生たちにはあったと思います。今ガザでジェノサイドが行われていますけれど、イスラエルの学生たちの中にも虐殺に加担していることに疚しさを感じている人間がいると思うんです。でも、彼らにはイスラエル政府の政策を変えるほどの力はない。だから、街頭に出て警察官に殴られて血を流すことで自己処罰する。

当時の日本の学生だって、機動隊と戦って勝ち目があるなんて思っていなかった。負けるとわかって街頭に出た。「殴られに行く」という感じでしたね。機動隊に殴られることで、ナパーム弾で焼かれているベトナムの人たちに間接的にではあれ連帯のメッセージを送れるんじゃないかと思っていた。

そもそも罪の意識がなければ「大学解体」なんていうスローガンが出てくるはずがないです。よその国を見ると、学生や市民たちは運動を通じて、権力を奪取して、自分たちのめざす政策を実現しようとして街頭に出るわけですけれども、日本の学生運動は「自己処罰」と「大学解体」ですからね。自分たちの特権的身分を否定するために運動していたわけですから、「勝つ」ことはあり得ない。ひたすら「負ける」ために街頭に出た。

それに本当にリアルな政治闘争をするつもりだったら、分派なんかしないで、小異を捨てて大同団結して、巨大な反権力組織を作ればいいわけです。でも、日本の学生運動にはそんな政権構想なんかなかった。わずかな綱領的な差異を言い立てて、分裂を繰り返して、そのつど小さくなって、やがて消滅してしまった。

連合赤軍や中核―革マルの内ゲバとかの末路を見てると、根本にあるのは「政治」ではなくて、もっとどろどろした「情念」に駆動されているように思えます。根にすごく暗いものがある。

池田　今にして思えば「日米安保反対」というのは正しかったよな。あそこで安保条約を破棄しておけば、日本でバブルはなかっただろうが、今のように悲惨にはならなかった。もうちょっとマシだったと思うんだよ。

結局、日本はあれからずっとアメリカの奴隷でしょう。今も経済が疲弊してアメリカの言うこと聞かなきゃ生きていけないからどうしようもなくなっちゃってるわけだから。あそこで破棄しておけば、アメリカには相当叩かれたろうけど、一応独立国だということなので、なんとかなったと思う。

だからマクロに考えたときに、60年の安保反対運動は実は正しかったんだな。6月15日に女子大生の樺美智子さんが死んでしまったけれど。

内田　そうですね。あのときに安保条約を破棄していたら、今の日本に在日米軍基地はないわけですよ。日本は憲法9条があるから「戦力」は持てない。そうなると中国とも韓国とも台湾ともアメリカともロシアとも、外交的にとにかくなんとか丸く収めて自国の安全を保たなければいけない。その分政治的に成熟しないといけない。

だから、ずいぶん今とは様子の違う国になっていたと思います。安保条約があるせいで日本の政治家も政治学者も官僚も思考停止してしまった。

安保闘争のさ中、機動隊と衝突した樺さんは死亡

トランプが大統領になったら日米安全保障条約は廃棄されるか

内田　今度もし11月のアメリカ大統領選挙でトランプが当選した場合、トランプがいろいろな国との安全保障条約を廃棄するという恫喝《どうかつ》をかけてくる可能性があると思います。NATOからの脱盟の可能性もあるし、場合によっては国連からも脱退するかもしれない。「アメリカ・ファースト」ということは「国際秩序の維持について、アメリカは責任を負う気がない」ということの宣言ですからね。

アメリカは世界中のたくさんの国と相互防衛条約を結んでますけども、これが多過ぎるという議員は共和党にも民主党にもいます。在外米軍基地は撤収すべきだと言う人もいる。別にアメリカには他国を守る義理はありません。リバタリアンは「自分の身は自分で守る。公権力による保護は要らない」という考え方をしますから、アメリカが同盟国を「保護する」立場になることは、原理的にはリバタリアンの思想となじまない。「自分の身を自分で守れない弱い国」はリバタリアン的基準から見れば、「男じゃない」ことになります。

池田　昔、アメリカはモンロー主義だったから、他の国に介入しなかった。介入し始めるようになったのは世界大戦の後だから。それまではアメリカは「誰が何と言おうと誰の味方もしません、好きに戦争でも勝手にやっといてください。私たちは私たちだけで生きていけるから」という立場だった。そこに回帰してるんだよね、今。

内田　そうです。「アメリカ・ファースト」というスローガンもトランプのオリジナルじゃないんです。大戦間期に「ヨーロッパでの戦争にアメリカはコミットすべきではない」という立場からドイツとの戦争に強く反対したグループが掲げたものなんです。この運動の代表的な人は大西洋横断単独飛行をやり遂げたリンドバーグ大佐です。この運動にはリンドバーグのような親独派だけでなく、左翼の反戦平和主義者も含まれていました。ヨーロッパの国同士の戦争でアメリカの青年が血を流す義理はないというのはたしかに一理あるんです。

フランスはドイツに電撃的に占領されて、イギリスは孤立無援の状態でしたから、とにかくアメリカに援軍を出してほしい。でも、アメリカ国内には「アメリカ・ファースト」の根強い反戦論があって、ルーズベルト大統領は身動きできなかった。最終的に真珠湾攻撃をきっかけに、アメリカは参戦を決断したわけですけれども、ルーズベルトは真珠湾攻撃の報を聞いて喜んだそうですからね。

池田　一番喜んだのはチャーチルですね。日本が宣戦布告なしで真珠湾を攻撃してアメリカが激怒したと聞いて、これで勝利を確信したと回想していますから。

内田　フィリップ・ロスが『プロット・アゲンスト・アメリカ』（集英社）という小説を書い

ていますけれども、これは１９３６年の大統領選挙でリンドバーグがルーズベルトに勝って、アメリカが日独と相互不可侵条約を結んで、第二次世界大戦に参戦しなかった世界を描いた「並行宇宙もの」です。すごく面白い小説でしたけれども、これはかなりの確率で「あり得たかもしれない世界」なんです。小説の中では、ナチがヨーロッパを支配するのも、日本が中国を侵略するのも、アメリカは看過することになっています。

池田 トランプはタカ派みたいに思われているけれども、バイデンがやってることってウクライナにお金をあげて戦いをあおってるみたいなことでしょう。トランプが勝ったらウクライナにはもうお金をあげないから、ウクライナとロシアの戦争は終わる。ロシアが勝つよ。ロシアは今のところ、軍事産業で成長しているような国だから製造業でもうかってる。資源もあるからインドと中国に天然ガスとかを売って、ＥＵはあんまり買ってくれないけど、いいやみたいな話になってるでしょう。

だからトランプが勝つと世界の秩序はガラガラッと変わるよ。どうなるかまではわからないけど。

内田 トランプは自分が大統領になったら24時間でウクライナの戦争を終わらせるって言ってますからね。

池田 ということは、要するにお金を出さないってことだよ。お金をもらわなきゃウクライナはどうしようもないから。そうしたらウクライナは日本にもっとお金を出せって言うかもしれない。そこで、アメリカの属国の日本はウクライナに金を出すかしらね。

内田　トランプがプーチンと直談判して、「もうウクライナには軍事支援をしないから、東部4州もクリミアもロシアの固有の領土ということでいいよ」と約束すれば、ウクライナはその条件での停戦協定を呑むしかない。アメリカがウクライナを見限ったら、NATOだけの支援では戦い続けられませんから、ウクライナはどんな条件でももう停戦を呑むしかない。

トランプはウクライナだけでなく、台湾も見捨てる可能性があります。実際に共和党内部には、「台湾なんかのために米中戦争を始める義理はない」と公言する人たちがいますから。習近平とも手打ちをして、「台湾を軍事侵攻しても、アメリカはコミットしません。国内問題なんだから、お好きにどうぞ」と言い出す可能性だってあります。

そうなると、たぶん中国は米中での偶発的な軍事衝突を起こさないためにという名分で、日米安保条約を廃棄して、在日米軍基地を撤収することをアメリカに要求すると思います。トランプなら、それを呑む可能性がある。

日米安保条約の廃棄は、1年前に予告するだけで1年後には自動的に解消されます。ある日いきなりホワイトハウスが「日米安保条約、廃棄するからよろしく」と言ってきて、在日米軍がぞろぞろといなくなるというのはあり得ない話じゃないんです。

でも、日本の政治家も官僚も政治学者も、日米同盟基軸という枠組みに居着いて、それ以外の可能性を吟味して安全保障の「プランB」や「プランC」を構想したことがないから、そうなったら、ただ腰を抜かすだけでしょう。

池田　国連気候変動枠組条約のパリ協定からもトランプは離脱したしね。だからEUのエネルギー戦略も瓦解するよ。EUはIPCC（気候変動に関する政府間パネル）を使ってCO_2を悪者にして脱炭素って言っているけど、トランプはそんな話は無視するよ。そのとき、今の世界秩序が永遠に続くと思い込んでいるとしか思えない日本はどうするかっていう話です。

内田　日米安保体制がなくなった場合に、日本はどうするかという話を誰もしてないんです。アメリカでも、ヨーロッパでも、トランプの2期目になったときにこれまでの国際秩序はどう変動するかの議論が始まっているのに、日本だけはその問題について誰も語らない。

習近平との手打ちができるかどうかは別にして、トランプは日本相手にお得意の「ディール」を仕掛けてくると思います。アメリカ・ファーストの立場から「日米安保条約を廃棄する、在日米軍基地は全部撤収する。あとは自分で何とかしなさい」っていきなり言われたら、自民党政権はアメリカにすがりつくしかない。「お願いだから行かないでください」と泣訴して、「いくらでもお金は出しますから、いてください」と言う他ない。トランプはそうやってとんでもない額の「みかじめ料」を日本から吸い上げて、「俺はディールの名人だろう」と呵々《かか》大

在日米軍関係経費の推移

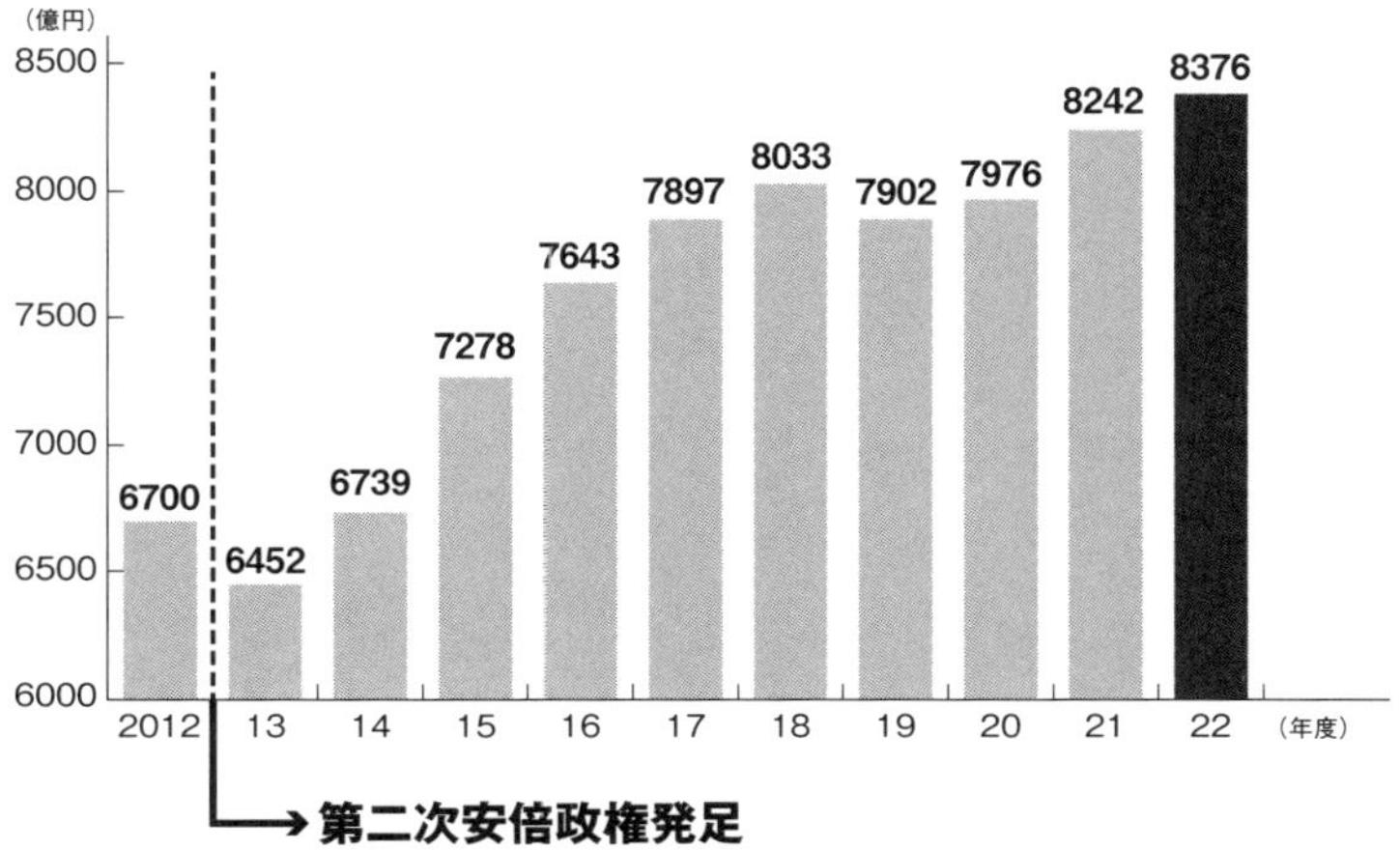

笑するつもりでしょう。兵器産業はホワイトハウスに「在庫の兵器を全部日本に買い取らせてくれ」と言ってくるでしょうから、それも自民党政権は丸呑みする。国家予算の半分くらいが「軍事費」に計上されて、そのほとんどがアメリカに流れていく。

池田　そのときに自民党政権が揺らいでたら、どうするかだね。

内田　どんな政党でもアメリカにとっては関係ないんです。ホワイトハウスの意向に全部従う「属国の代官」であれば、それでいいんですから。イデオロギーも綱領もどうでもいいんです。だって、アメリカは自国の利益になるなら、かつてのベトナムでも、韓国でも、インドネシアでも、フィリピンでも、どんな軍事独裁政権とでも平気で同盟してきた国ですからね。

自民党が揺らいできたら、たぶんいろいろな政党から「アメリカに気に入られそうな政治家」が自薦他薦でわらわらと湧き出てきて、「属国の代官」ポストを狙ってくると思います。離合集散して、政党の再編が起きるかもしれない。そんな場合でも、日本の多くの有権者は「もっとも親米的な政党」を選択すると思いますよ。

白井聡さんが書いていているように、かつて天皇が占めていた地位に今はアメリカ大統領が占めているわけですから、かつて「陛下の赤子」であろうとした日本人は今度は「アメリカ大統領に愛される存在」たらんとする。だから、アメリカにどれほど足蹴《あしげ》にされても、その足にすがりついて「日米同盟基軸以外に私どもの生きる道はありません」と蹴られても蹴られてもついていく……、そういうことしか日本人はたぶん思いつかないと思います。選挙では、「アメリカ以外にどんなパートナーがいるというんですか！　まさか中国やロシアと同盟する気ですか？」と絶叫する人たちに有権者は投票しますよ（笑）。

池田　ククク（笑）。

内田　笑いごとじゃなくて、「日本は主権国家として、アメリカ抜きでの安全保障戦略を手作りしなければならない」と言う人が、今の時点で日本の政治家にいないんですから。「日米同盟基軸以外の安全保障戦略」について日本人は久しく考えたことがないんです。

かつては「対米従属を通じての対米自立」という迂回《うかい》的な戦略を真剣に考えていた政治家た

ちが自民党にもいましたけれど、そういう大ぶりの構想を語る人は今はもういません。「対米自立」というようなことを少しでも口にした政治家は、鳩山由紀夫も小沢一郎も、あっという間に官民からの総攻撃を受けて引きずり落ろされましたよね。だから、日本人はみんな知ってるんです。「日米同盟基軸以外」を考えること自体が日本では禁忌なんです。

でもトランプが「日米安保廃棄」という「ブラフ」をかませてきたときに、これは国家主権を回復するチャンスだと思って、「ああ、そうですか。じゃあ、そういうことで結構です。どうぞ日本から出て行ってください。後はわれわれの才覚だけで中国、ロシア、北朝鮮との独自の外交を展開します」と決然と言える人がいない。

池田 トランプは安倍晋三と仲が良かったけど、今の政権はトランプが大統領になったらどうしようってオロオロしてると思う。

内田 民主党が勝てば、今の状態からあまり変わらないでしょうから、ある程度先が読めるんですけども、トランプの場合は何を言ってくるかわからない。日本の国益なんかまったく配慮しませんから。

池田 関係ないから。

内田 僕が恐れているのは、トランプがほんとうに日米安保条約を破棄してしまった後の日本がどうなるか、なんです。在日米軍基地が空っぽになったら、とりあえず、そこを埋めなければいけないって政府も国民も思いますよね。「もう守ってくれる人がいないんだから、自分たちで自国を防衛しよう」という提案なんですから、まず反対する国民はいない。となると、当然そのときの政府は「では日本はこれからは『先軍主義』を取ることになります。国防が最優先課題ですから、まず9条2項を廃して、自衛隊を『国防軍』に名称変更して、徴兵制を敷きます。また反政府活動を取り締まるために治安維持法も施行します。治安維持のために秘密警察を創設して、非国民・売国奴を徹底的に摘発します」と言い出してもたぶん国民の大半は「まあ、そうだよね」と簡単に賛成してしまう。

税金も上がるし、社会福祉に回している予算なんかないから国民皆保険制度も社会福祉制度も空洞化する。学術も教育も「国防」に特化する。それもこれも「国を守るため」だから仕方がないということになる。

そうなると、これって自民党にとっては別にそれほど「悪い話」じゃないんですよ。彼らが長年やりたかったこと、軍国主義化と市民的自由の抑圧が「アメリカに見捨てられたから仕方がないでしょ」という理由で全部正当化されるのですから。日米安保条約が破棄された後の日本の暗い未来が僕には見えるんです（笑）。

池田　内田さんの最悪の予測のようにはならないで、案外開き直って軍備はあきらめて丸腰になってしまうかもしれないね。選択肢としては、私的にはそっちのほうが面白いね。軍備に金を注ぎ込んでも、日本は守れないと思う。食べ物がなくなってアウトになる。

むしろ丸腰で米中と外交的な交渉をうまくやって生き残りの戦略を模索したほうがいい。アメリカの属国から逃れたと思った途端に中国の属国になってしまうことも十分あり得るよ。政治家は中国の属国になったところでもうかればいいわけだから。

内田 そうならないようにするためにはいろいろなシナリオを考えてみなさんに提示していくことが必要だと思うんです。ぼんやりしていると日米同盟基軸が揺らぐかもしれませんよ、在日米軍基地がなくなるかもしれませんよ、そうなるとあっという間に「先軍主義国家」、かつての大日本帝国の劣化コピーみたいな国になってしまうかもしれませんよ。そうじゃくて、9条を守って、「永世中立」を宣言して、「東アジアのスイス」になるという道だってあるかもしれないじゃないですか。そういうふうに、いろいろなシナリオがあって、「起こるかもしれないこと」を想像力を駆使して列挙することが必要だと僕は思うんです。

「ぼおっとしていると、こんな日本になるかもしれませんよ」という具体的に未来図を提示する。「こんな日本になったら、嫌でしょ？　どうやったらこうならないか考えましょう」と。ほんとうに、うっかりしていると「大日本帝国の劣化コピー」「小金のある北朝鮮」みたいなものになってしまう可能性はあるんですから。

安全保障に関して、日米同盟基軸以外の「シナリオ」を考える習慣が日本人にはないんです。

これについては政治家も官僚も政治学者も思考停止している。以前、ある政治学者と対談したときに「日米安保条約以外の安全保障スキームにどんなものがあるとお考えですか？」って質問したことがあるんです。別に相手を困らせるつもりで訊いたわけじゃなくて、ほんとうにどういうシナリオがあるのか、専門家の意見を知りたかったから。そしたらその人、絶句してしまったんです。そのときに「日本の政治学者は『日米同盟基軸』以外の安全保障のあり方について考えるという知的習慣がないんだ」ということを知りました。

でも、世界は激動しているわけですから、何が起きるかわからない。いろいろな「シナリオ」を用意しておかないと臨機応変の対応ができない。もちろん、そのシナリオのほとんどは現実にならないわけですけれども、「最悪の事態」を含めて、起こり得る未来についてさまざまなシナリオを構想することは、知性と想像力の訓練のために必要なことだと思うんですけどね。

池田　だって戦後はそれでずっとやってきたわけだから。それがなくなっちゃうことは、日本という国家の根底的なコンセプトをどうやって立て直さなきゃいけないとかいうことから考えなければいけないけど、考えたくないんだと思う。「そんなの無茶苦茶だから絶対できっこない」と思ってるから、だからそこはつぶせない。

だから、「アメリカも日米安保条約をチャラにするなんてことは思わないだろう」ってトランプが出てくるまで、みんな思ってた。それでトランプが出てきたわけだから、あの人はそういう意味ではすごい人だね。

「国家像」を見失った日本

内田　トランプは今度大統領になっても再選なので1期4年で終わりです。そのあとは民主党の、もうちょっとまともな人が恐らく次の大統領になると思うんです。でも、2025年からのトランプの4年間は怒濤《どとう》の日々になる可能性が高いですね。

池田　それをどう乗り越えるかという戦略を、日本の政治家なり官僚なりがまともに持っているとは思えない。そこが一番怖いところだよね。

内田　何が起きるかわからないです。本当に。

池田　だからいろんなシミュレーションして「こういう場合はこんなふうにしたらいい」というのがないと。そのときに日本の一般の人がどのような幻想を持っているかが重要だね。

共有幻想みたいなものだけど、それをつかんでないと、とんでもなくなっちゃう。

日本人って結構根が真面目だから、でたらめなことをするやつはあんまりいない。だからそのときにうまいこと日本人を誘導してやる規定なり倫理観みたいなものをどうやって定礎できるか。それがうまくいって、なんとかみんなで耐えることができれば4年間はなんとかなるかもしれない。そこのところがうまくいかないとグジャグジャになっちゃうよ。

内田　「あるべき国家像」というものを日本人は持ってないんです。昔は「対米従属を通じて対米自立を果たす」という見通しが、中曾根康弘ぐらいまではなんとなくあったと思うんです。もちろん、彼らが構想したのは大日本帝国のイメージをひきずったかなり反動的な国家像だったでしょうけれども、それでも主権国家のイメージはあった。

たぶんそのDNAは安倍晋三までは少しだけ残っていたと思います。アメリカの占領から脱したら、まず改憲する。今の憲法はGHQが作文した憲法だから自分たちの自主憲法を制定するということは自民党の党是ですから。でも、自民党の改憲草案を見ても、「昔みたいにする」以外に国家像はないんです。未来志向がかけらもない。

国家像というのは、世界に対して誇れるものじゃないと駄目なんです。石橋湛山（大蔵大臣、元首相）が提唱した「小日本」というのが僕は落ち着く先としては適切な国家像だと思うんですけれど、これにしても魅力的な国家像として提示しないと、ただ縮んでいくだけだと思われたら国民を統合できるような指南力は発揮できない。

だから今の急務は国家像の構築なんだと思います。これから世界的な混乱の時代に入っていって、場合によっては日本が自力で安全保障戦略、外交戦略を誰にも頼らず自力で展開してゆかなければならなくなる。そういう時代に自国の独立を守るという場合の国家像の提示なんです。

池田　うーん。今のところ、全然できてない。

　他の世界の政治家を見てると、政治家で大統領になろうとしている人なら、例えばロシアだって、プーチンなんかすごい悪いけど、ロシアはどうあるべきかとかそういう国家像的なことは言ってる。

内田　そうですね。「大いなるロシア」「母なるロシア」という輪郭のはっきりした国家像をプーチンは提示できている。でも、ロシアは実際には国力が低いんです。GDPも世界11位ですし、一人当たりGDPは世界68位。でも、「大いなるロシア」という幻想をプーチンが提示すると、国民の多くはそれに熱狂する。クリミアを占領したり、ウクライナに侵攻したりしても、世界中から「国際法違反」を糾弾されてもプーチンの政権基盤が揺るがないのは、国民の圧倒的支持があるからです。同じように習近平も「大いなる中国」という国家像の構築には成功している。中国の最大版図を誇ったのは清《しん》朝の頃ですけれども、それを回復しようとしている。そして、トランプはご存じの「Make America Great Again」です。

　ロシアも中国もアメリカも、どこの国も国力があろうがなかろうが「グレートなんとか」という国家像を押し出している。そうしないと、国民が統合できないということがわかっているから。でも、日本人は「グレート・ニッポン」っていう国家イメージを持ってないんです。「ジャパン・アズ・ナンバーワン」と言われたこともかつてはありましたけれど、あれは要するに「金もうけが世界一うまい国」ということであって、国として「偉大である」ということではなかった。

それでも、日本が世界に誇れるものが一つあります。憲法9条です。1946年に憲法が公布されたときに、日本の知識人はこれを歓喜の声で迎えた。加藤典洋さんの本で教えてもらったのですけれど、なぜ喜んだかというと、敗戦で海外領土を失い、国土は焦土となり、家を失い、家族を失い、飢餓に直面していた日本国民にとって、9条2項の「戦争放棄」は唯一の世界に向かって胸を張って発信できる政治的なメッセージだったからです。9条2項は日本が「世界でもっとも倫理的に卓越した国家」「世界でもっとも道義的な国家」であるということの宣言だったわけです。

世界五大国から転落し、領土も資源も何もない小国になった日本にとって唯一「これだけは世界一」と言えるのは9条2項だった。「陸海空軍その他の戦力は、これを保持しない。国の交戦権は、これを認めない」というような過激な憲法を持っている国は世界に日本しかありません。

世界において唯一無二であること、それが国民統合のための幻想としてはどうしても必要なんです。「世界一暮らしやすい」とか「世界一国民の幸福度が高い」とか「世界一天国に近い」とか、いろいろな国からさまざまな指標が提案されますけれども、それは「うちはこの点については世界で唯一無二の国だ」と名乗らないと国民国家は成り立たないからなんです。だから、なんでもいいんです。ご飯が美味しいでも、空気がきれいでも。

池田　日本は結局ないんだよ。

内田　9条を手放したら、もう「世界一」は何もないですからね。

池田　岸田文雄なんか最低だったよね、何もないんだから。頭空っぽなんじゃないかって思うぐらい。

内田　「首相になったら何をしたいですか?」って聞いたら「人事」って言った人ですからね（笑）。

池田　それで結局、自分たちがこれ以上損しないでなんとかもうけることしか考えてない。それって本当に瑣末《さまつ》な話でしょ。それは国家戦略とか関係ないんだから。

株でも上げて、なんとかちょろっとでももうけてって。

内田　株価なんか上がっても、国家戦略にはならんです。

池田　北朝鮮のトップでも、やっぱり北朝鮮をどうすればいいかっていう国家像は持ってるからな。持ってないやつは大統領とか首相になれないのが一般的だから。日本だけ国家像を持たないやつがいつもいつも首相をやってるっていうのは変な話です。それも年を追うごとにひどくなってくる。

吉田茂から始まってあのぐらいの時代の人は、日本をどうするべきかっていうことは強烈に持ってたはずだよ。それがだんだん薄れていって、中曾根康弘あたりはまだ持ってたかな。それがずんずん駄目になってきて、安倍晋三の最後のほうはズクズクになっちゃった。

内田　安倍晋三も最初の頃は国家像はあったと思います。岸信介の孫ですから当然それは「大日本帝国の再建」だったはずです。だから、日本会議とも統一教会とも結びついた。

池田　共産主義は、1989年11月に東ベルリンと西ベルリンの壁がなくなった頃から駄目になっちゃったわけでしょ。それで結局、統一教会は反共を旗印にしていたわけだけど、仮想敵国がなくなっちゃって、自分たちがよりどころにするものが実はなくなっちゃったにもかかわらず頑張ってるところがやっぱりちょっと変なんだよな。

内田　仮想敵国がなくなったというのは、その通りですね。

池田　統一教会は結局、共産主義がなくなっちゃったので、根本的な存立コンセプトを失っちゃった。それで結局何をしたかっていうと、自民党にくっついて疑似保守的なことを言って生き延びる以外の道がなくなっちゃったわけです。

それで自民党の代議士にべったりになった頃から、すごいたくさんのボランティアを送り込んで選挙運動を支援しないことには統一教会は維持できなくなってたわけでしょ。それまでは反共っていうことでなんとかなってたのが。

内田 共産主義がなくなったので、反共も存在意義を失った、と。

池田 そうそう。共産主義がなくなったから存在理由を失った。ただし、存在理由を失ってもつぶすわけにはいかないから、何か探したわけだ。それで結局、自民党の刹那《せつな》的な、明日さえもうかればいいみたいなところに潜り込んでいったわけでしょ。

内田 なるほど。

池田 僕はいつも思うんだけど、例えばアメリカが日本から全部の米軍基地を引き揚げたときに、日本がアメリカと同じような軍備がなかったら中国が攻めてくるかなあ。

内田 僕は来ないと思います。中国の勢力圏に収めるために外交的な圧力はかけてくると思いますけれど、軍事侵攻はしてこないと思います。直接統治しようとしたら、数十万規模の軍隊と行政官を常駐させなければならないですから、直接統治は効率が悪い。

それより、華夷《かい》秩序の昔からの「辺境の属国には高度の自治を認める」という「一国二制度」の間接統治で臨むと思います。

池田 来ないよね。来なければやる必要ないじゃん。少なくとも対等に戦えるような軍備はいらない。防衛に特化した最小限の軍備だけあればいい。

要するに「軍事力が全部ない国」ということで日本はやって、それで例えば5年とか6年とかもたせて、世界にも「日本はそういう国だ」と思ってもらえばいいわけです。そしたら軍事力に回すお金を国民の福祉に使えるんだから。そういうふうなことだってありなのに、そんなことを言ってるやつ、誰もいないわけでしょ。

日本には国家ビジョンがある政党がないよなあ。

内田 ないですね。

池田 れいわ新選組にしても国家ビジョンがあるとはとても思えない。まあ、悪いことは言ってないけど。共産党だって、「じゃあ何がやりたいんだ?」って言ったときに、「共産党」っていう名前だけで、実際、中国共産党とはけんかしてるし、何がしたいかわからない。

日本はどういう国で、どんなふうな統治をしてどんなふうにして国を支えるかを、誰も考えてない。

内田 社会福祉制度が充実してるとか、教育が無償であるとか、医療が無償であるとかっていうドメスティックなことについてなら政策を語れるんだけれど、この国がどのような困難な目標に向かっているのか、何を統合幻想にして「偉大な国」たらんとしているか、それについて指南力のあるメッセージを発信できている人はどこにもいませんね。

池田 それは大変なことで、ちょっと面倒くさい話だからね。

日本の統一軸となりうるもの

池田　統一軸を考えるにあたって、日本にしかないものでいくつか考えるとまず天皇制。天皇制には僕はずっと反対で、今でも反対なのはなぜかというと、僕はトランプとはまったく違ったタイプのリバタリアンで、僕のリバタリアニズムの公準の一つは、すべての人は平等であるべきだという考えです。天皇は一般国民と平等ではないので、これはまずいのです。ただそういう理念とは別にプラグマティックには50年くらいは天皇制は国民統合の装置として使えると思う。それ以上は無理だと思うけどね。

天皇制の何がすごいかというと、天皇個人、昭和天皇もそうだったと思うけど、平成天皇、令和の天皇を見ても、やっぱりあの人たち個人の倫理観の高さは半端じゃないと思う。それをシステムとして保持している。それを国民は知っている。だから変なこと言うけど、もし天皇が最終的に「私はこういうことをやりたい」って言ったらかなりの国民は従っちゃうと思う。

日本の場合、そういう切り札として天皇はいる。実際に使ってしまっては駄目なんだけれど、そういう幻想は大事だと最近は思うようになったね。もちろん政治に介入すると戦前の独裁国家に戻ってしまうのでマズイのだけれども、今の日本を見ていると、文化的なコモンセンスとして天皇制はしばらくの間は使えそうだ。政治に利用しようとしたら、天皇制は崩壊するけれどね。どっちにしても、天皇個人の倫理に依存する過渡期の文化システムであることは間違いなく、50年くらいしか持たないけど、その後はもう少し普遍的な国家像を考えたらいい。

内田　僕は池田さんとちょっと考え方が違うんですすけれど、天皇制を国民統合の中心にしてはいけないと思っているんです。そうでなくて、日本人は天皇制という太古的な制度と、立憲デモクラシーという近代的な制度という氷炭相容れざる、矛盾した二つの統治原理に引き裂かれ、その葛藤《かっとう》の中で生きているということが日本の「偉大さ」の所以《ゆえん》であるというストーリーを考えているんです。

池田さんがおっしゃるとおり、天皇制は日本の倫理的・道義的な軸としてたしかに今は機能しています。伝統文化の中心にいる。反対側には世俗の政治があり、浮世の算盤《そろばん》勘定がある。この二つはレイヤー（階層）が違うんです。でも、この聖俗二つの統治原理の葛藤に素直に苦しむことが日本人の政治的成熟にとって最良の道だと僕は思うんです。

右の人たちは立憲デモクラシーと両立する気がない。実際に「基本的人権などというものはない」とか「国民は主権者じゃない」と公言する政治家はいくらもいますからね。他方、左の人たちは立憲デモクラシー一本槍《いっぽんやり》で、天皇制は廃止したほうがいいと思っている。

天皇制と立憲デモクラシーの両方を認めて、その二つの統治原理の葛藤と矛盾をまっすぐに生き抜くということを言う人だけがいない。でも、今ここで改憲して9条2項を廃して、「戦争のできる国」にするということを強行すれば、国民的な分断が起きます。逆に、天皇制を廃絶しようとしても、和解の余地のない議論になって、これも国民を二分してしまう。だから、立憲デモクラシーの廃絶も、天皇制の廃絶も、どちらもできないんです。

そもそも今の日本には国民を二分するような政治的イシューにかかわっている余裕なんかない。国民同士で喉笛掻《か》き切り合っているうちに、あっという間に後進国に転落してしまいます。そんなくだらないことで消耗する暇があったら、世界のどこの国も経験したことのない、天皇制と立憲デモクラシーの葛藤を健気《けなげ》に生き抜く姿を示して、これをしてMake Japan Great Againと呼ぶほうがずっとましでしょう？（笑）。

池田　そういうこと、誰も政治家は言わないね。右翼の連中は天皇制をただ看板にして自分たちが政権を取ったりするための道具として使おうとしてるし。

内田　右の人たちは教育勅語の復活とか言ってますけれど、ほんとうに天皇に対して敬意を持っていたら、ふだんから天皇陛下の言動に逐一注目しているはずでしょう。「天皇主義者」を名乗るなら、「教育勅語」や「軍人勅諭」じゃなくて、まずは天皇陛下が折に触れて語る言葉こそ片言隻語《へんげんせきご》として洩らさず聴くべきでしょう。教育勅語なんて、明治時代のもので、だいたい書いたのは明治天皇じゃなくて、井上毅《こわし》と元田永孚《もとだながざね》（儒学者）じゃないですか。とっくの昔に歴史的にも意味を失い、国会で失効を確認されている古文書を引っ張りだすよりも、上皇陛下がご自身の退位と「象徴的行為」について語った「お言葉」のほうがずっと天皇制の本質について深い洞察を含んでいる。天皇主義者だったら、「お言葉」を壁に掲げるべきでしょう。そんな連中が「天皇制を支持している」と言っても僕は信じませんね。

池田　右翼の連中はひどいよ。「天皇は反日だ」とか言って。

内田　天皇を反日だって言う人たちは、大日本帝国における「帷幄上奏権《いあくじょうそうけん》」（陸海軍が首相の輔弼を経ずに直接天皇に上奏すること）者《しゃ》たち」のようなものになりたいんでしょうね。天皇の威を借りて、自分たちの政治的主張を国民に押し付けようとしている。

池田　あり得ないよ。何を考えてるんだかよくわからない。

戦後の天皇は、憲法を守りましょう、と言っている。

それから、災害に遭った国民のことをものすごく心配している。だから天皇は被災地に真っ先に行く。美智子さんは膝も腰も悪いのにひざまずいてお話を聞くんだから、そういう倫理性の高さが自民党の政治家にあるかと言えばない。

そういうふうなところで、天皇制はうまく機能すれば日本国民の一番基底のところの同一性というか文化的なコモンセンスを支える装置になる。

内田　そのとおりだと思います。上皇陛下が退位の前に述べられた「お言葉」は天皇の象徴的行為とは何かについてのつきつめた考察の結論だと思いますけれど、それは「自然災害の被災者に寄り添うこと」と「さきの戦争で亡くなった人たちの慰霊のために戦地跡を訪れること」という二つの行為に集約されていました。

憲法には天皇の国事行為として、法律・政令・条約の公布、国会の召集、国務大臣の認証、外国大公使の接受などが記されていますが、上皇陛下の「象徴的行為論」はまったく新しい天皇制解釈だったと思います。

これを「違憲だ」と批判した人もいましたけれど、多くの国民はこの解釈に深く納得したと思います。傷ついた人たちの慰藉《いしゃ》と戦争の犠牲者たちの慰霊を天皇の最優先の責務としたわけですから。

池田　求心力があるような存在がないと、国はまとまらない。多様性が大事といっても、それは国の中の話だから。国の中にいろいろあるのはいい。

いろいろな人、宗教、考え方、そういうのはいっぱいあっていいんだけど、それをまとめる土台みたいなものはやっぱり同一性としてないと困るわけです。

今の日本はタガが外れた国難的危機状態

池田　多様性を認めると言っても、国家が安定する装置は確保しておかないといけない。同一性を外してしまうと、それはタガが外れるって言うんだよ（笑）。グジャグジャになっちゃう。

内田　タガが外れると、国民が原子化して、もう国としてのまとまりが失われてしまいます。

池田　例えば、国民は今のところみんな真面目だから納税しているけど、「納税なんかしなくてもいいんだ」という意見が強くなって、確定申告しなきゃならない人の2割、3割が確定申告しなくなったらどうなるか。税務署も全部は調べられなくてどうしようもなくなる。

そのうち「確定申告しなくても税金が取られなかったですよ」って言うやつが出てくる。次の年に5割、その次の年は6割になったら、税金を払うやつがいないようなものだから、そしたら日本はつぶれるでしょう。

そうなったときにどうするかって話。

結局日本人って自分だけやるのは嫌だけど、みんながやっていればくっついていくから。

内田　そうですね。確定申告でもなんでも、日本人は「みんな」がやっていることならやるし、

「みんな」がやってないことならしない。ことの理非や良否について、自分の頭で判断しているわけじゃない。「みんな」に従うだけなんです。

だから、勤め人は所得税天引きされるから脱税のしようがないと諦めているけれど、自営業の人たちは「みんな」がやらないなら確定申告をしなくなっちゃうでしょうね。

池田　最初のうちはとっつかまえて重加算税を科すんだろうけど、ズルズル増えていったら捕まえるのは無理。把握できないから、ほっとくしかないじゃない。ほっとくってことは税金を取れないってことだから、日本っていう国はそれでもう終わっちゃうわけ。それはすごく大変なことよ。

だからそういう点でも、自民党の連中が税金払わなくてもいいとか言ったっていうのはひどい。国をつぶすためにやっているようなもんだ。

内田　納税意欲を深く傷つけたことについて、発言の重みを理解していないと思いますね。

池田　タガが外れた状態になると、確定申告をみんながやらなくなるというようなことになる。

内田　「底が抜けた」とか「タガが外れた」っていう表現が最近よく使われるようになりました。これって、国民の実感だと思うんです。「底」と「タガ」で桶《おけ》はそのかたちを維持しているわけじゃないですか。日本をこれまでなんとかしてまとめていた「タガ」が外れて、「底が抜けた」というのは、もう国としてのまとまりが緩みつつあるということですよ。国難的危機だと思います。

池田　国難的危機にあってまず重要なのは同一性を考えることだよ。最近では、多様性ばかりが取りざたされて、しかもLGBTを認めるとか認めないとか言っているけど、どっちでもいいことなんだよ、本当は。「認めない」って言うやつは変だけど、レズビアンがいようとゲイがいようと、好きにすればいいわけだから。

それで国が傾くわけでもないんだから、どっちだっていい。LGBT法なんて法律もいらないんだよ。

法律や規則がいろいろできちゃうとややこしくなる。もともと日本は寛容性のある社会で「多様性」なんて言わなくても住みよかった。国家の枠組みのなかで、多様性はコモンセンスがある上で考えるものだから。でも、いつからかコンプライアンス（法令遵守）至上主義になって法律で何でも規制するようになってしまったね。

コモンセンスは日本語だと「常識」だけど、「常識」っていうのとちょっと違って、そのところにいる構成員が、これは駄目だろうなとか、この辺までは許されるなっていうふうに何となく思ってるっていうのがコモンセンス。それは明示的に書けないものなんだよ。そういうのがしっかりしてる共同体はつぶれない。それがない共同体は駄目、すぐ駄目になっちゃう。何を作ったって、法律を作ろうと憲法を変えようと、そういうのがない共同体っていうのはうまくいかない、どっちにしても。

内田　ＬＧＢＴって、ＬＧＢＴＱからもどんどん追加されて増えて、一番新しい表現は、調べたらＬＧＢＴＱＱＩＡＡＰＰＯ２Ｓです。これはそのまま増え続けるしかない。だって、セクシュアリティにデジタルなニッチを割り振るなんて原理的に不可能なんですから。１億人いたら１億のセクシュアリティがある。だから池田先生がおっしゃるように、「いろいろあるんだよ」「いろいろあっていいんだよ」でしかたがないと思うんです。それがコモンセンスに登録されていれば、法律なんて要らない。

池田　そうだよ。間脳《かんのう》視床下部《ししょうかぶ》に分界条床核《ぶんかいじょうしょうかく》という部位があり、この大きさによって性自認が決まると言われていて、この部位が大きいと姓自認は男性になり、小さいと女性になる。

よく見るとみんなちょっとずつ大きさが違って連続的につながっているわけだから。完璧に男だと思う人、完璧に女だと思う人、なんとなく女っぽいけど男だと思う人とか、いろんな人がいるわけだよ。

連続的なものをどこかで切ると１個の同一性ができるから、20個に切れば20個の同一性ができ、20個の多様性ができるっていうんだけど、全部つながっていれば多様性も同一性も必要ない。ＬＧＢＴはそういう話にしちゃったほうがいい。

内田　フェミニストが主張してきたとおり、ジェンダーというのは便宜的なものだと僕も思うんです。男性と女性を截然《せつぜん》と二つに分断できるデジタルな生物学的境界線は存在しない。ただ、ジェンダーという境界線は生物学的なファクターと、社会構築的なファクターのアマルガム（混交）ですから、生物学的な個人差と、歴史的な環境の変化で、無限に変化する。

それを事細かに追いかけるのは不可能ですから、便宜的に「この辺が男」「この辺が女」というふうにざっくり分けたほうが「何かと便利」だから分けた。生物学的にはアナログに連続しているのに人間が無理にデジタルな切断線を引いた。

そして、「男性」に分類された人たちは「男らしく生きる」という社会的圧力の下で性的に自己形成し、「女性」に分類された人たちは「女らしく生きる」ことを制度的に強いられた。端《はな》から無理があるんです。

だから、「ジェンダー」というのは、もともと無理がある制度なんで、現場の事情に従って、そのつどゆるく運用しましょう」としか言えない。

池田　そういうこと。普通の人の考えで男、女というのは何かというと見てくれが一番大事なんだよね。「俺は見てくれは男だけど女だ」って言っても、一般的に見てくれが男だったら男と思われてもしょうがないだろうって思う。

それに、自分の見てくれが男だとわかってて「俺は精神的には女だから女風呂に入る」とか言うやつは実はいないよ。

そういうことを言って、「女風呂に男の姿の人が入ってきたら困るからLGBT法案は反対」って変だよ。そんなやつがいたら、連れてきてくれって思う。

ただ、厳密に決めれば決めるほどおかしくなるから、なるべくどうでもいいことでルールは決めないほうがいい。そこが重要だよね。

内田　僕自身の個人的経験にしても、僕は子どもの頃、女の子とばかり遊んでいて、男の子の友だちがあまりいなかったんです。でも、ある時期から男の子っぽくなった。

大学生の頃はふつうの不良学生でしたけれど、フェミニストの人と結婚したので、自分のセクシスト的傾向にかなり自覚的になった、そのあと今度は離婚して父子家庭になってからは女性ジェンダー化した。

「父子家庭」って言いますけれど、実態は「母子家庭」なんですよ。子育てのためには父親なんて要らないんです。必要なのは母親なんです。栄養のあるご飯を食べさせて、清潔な服を着せて、暖かいふとんで寝かせて……ということをちゃんとやらないと話にならないんですが、そういう家事仕事をきちんとやったら、1日が終わっちゃう。父親の出番がないんです。12年間、僕は家にいるときはエプロン姿で「母親」役をやっていました。

その時期に女子大で教えていたわけですけれど、学生たちからも「おばさん」だと思われていた。ゼミ合宿のときに、学生たちと同じ部屋で雑魚寝《ざこね》させられそうになったことがありました。僕の分の部屋を別に取るのを忘れていたんです。「おばさん」だから、学生と同じ部屋でいいと思ったんでしょうね（笑）。しかたなく、廊下に寝ましたよ。

でも、子どもが独立して家を出て行って、母親役をしなくてよくなったら、また「ふつうのおじさん」に戻ってしまいました。

ジェンダーって環境や条件に応じてそういうふうに揺らぐものだと思うんですよ。だから、別に自分のセクシュアル・アイデンティティーを確定して、そこから二度と動かないなんて意地をはることなんかないと思うんです。性自認なんか、いくらでもふらふらするものだし、それでいいじゃないですか。

日本には外国人を受け入れる社会的成熟度がない

池田　例えば、移民問題にしても、外国人が増えたら、ある程度のルールがなきゃどうしようもないだろうけど、法律を変えても憲法を変えても駄目だと思う。憲法を変えたって、文字を変えるだけで人の心はそう簡単に変わらないからね。

要するに日本人を一番最終的に縛ってるのは、いわゆるコモンセンスだから。

日本はそれを持ってるかというと、ぎりぎりのところだと思う。まだ普通の一般の人は何となくコモンセンスを持ってるね。それはいろいろなものを見ててもわかるでしょ。

例えば朝の通勤で「整列乗車でお願いします」とか駅員が言うけれども、言われなくたって大体みんな整列をしてるわけ。あれだって日本人の持ってる一種のコモンセンスだね。

そこに中国人とかが来て、横から割り込んできたりすると、ややこしくなっちゃう。だから外国人の移民を入れるときに一番面倒くさいのは何かというと、文化の違う人がいっぱい入ってきて、日本人の持ってたコモンセンスがどれかみんなわかんなくなってくることだよ。

そこから新しいコモンセンスができるまでには、とても時間がかかる。安定するよりも前に、いろんな国の人が入ってきちゃうと大変だと思うよね。

今はＡＩが広がって、日本国内に限らず、世界的に言語が統一されて平板になってきているね。言語における特性、例えば方言とかも失われつつある。ＡＩが理解できる言葉が標準言語として教育されると、ゆくゆくは世界中の人が同じような考え方になることもあり得るよ。でも、それまでには時間がかかり、社会は不安定になる。

とにかく、日本という国をある程度安定させようと思ったら、労働者が少ないからってむやみに外国人をあんまり入れないほうがいいよ。山本太郎はそこをわかってて、あんまり外国人を入れるなっていうことを言ってるけど、僕も今の時点では、日本人に高い給料を払って働いてもらうほうが絶対いいと思う。こんなに円安になると外国人も働きに来なくなるだろうけど。

内田　もう来なくなるかもしれないですね。

池田　今だってあんまり来てない。中国人もフィリピン人も減ってきた、最近。

内田　そうですか。僕はそこまで気が付かなかった。でも、多いのはベトナム人じゃないんですか。

池田　ベトナム人は多い。ベトナムとブラジル、ミャンマーとか。でも、そのうち円安がさらに進むと来なくなるでしょ。160円ぐらいが常態化して、200円ぐらいになっちゃったら日本で働くメリットがないもん。今140円台になったりしてますけど、本国で働いてたほうが高いわけだよ。

内田　1ドル200円まで行きますか。

池田　多分ね。でも今年は1回、円が上がると思う、きっと。円が高くなります。だから130円ぐらいになったら、そのときドルを買うチャンスだと思う。

1ドル75円のときは日本で働けば、向こう行ってドルに換えれば、すごくもうかったけど、今は全然駄目でしょ。日本で稼いで本国に帰るというモデルが破綻すると、日本で生活できているなら帰らないという人が増える。だから、あんまり外国人を入れないほうがいいと思うけど。

内田　多様な人を包摂すると社会は活性化しますから、僕は多様化には原則賛成なんですね。

でも、理解や共感の困難な他者を受け入れて共生するためには、受け入れる側に相応の市民的成熟が必要です。残念ながら、今の日本人は多様な出自を持った外国の人たちと共生できるほどの市民的成熟度に達していない。ですから、ある程度以上に外国人の数が増えてきたら、必ずレイシスト（人種差別主義者）が出てきて、人種差別的な言動をするようになります。「諸悪の根源は外国人だ。彼らが日本の清浄を穢《けが》している。外国人を排除すれば日本は再びかつての力を取り戻す」って言い出す。これは必ずそうなる。

ヨーロッパの国々を見ればわかりますけれど、そういうレイシストが国民的な人気を集めて、ポピュリズム政治がはびこる。ヨーロッパで移民政策に成功した国って一つもないでしょう。

池田　そう。全部、極右が台頭してくる。

内田　移民がある程度増えると、必ず極右の差別主義者がのさばり出すと思います。

池田　日本もそうなるから、だからとにかくほどほどにしたほうがいい。もちろん入れるなっていうことではないけど、ただむやみやたらと入れると必ずそうなるよ。

だから、ものすごくスキルのあるやつとか、特殊な技術者とかは受け入れてもいいんだろうけど、単純労働者をたくさん入れると面倒くさいことが起こるよね。景気が悪くなってきたときに絶対、「あいつらのせいで俺たちの職がない」って言うやつが必ず出てきて、それをあおるやつが出てくる。維新なんかがいかにもそういうことをやりそうでしょ。

内田　やりそうですね。でも、今一番困ってるのは、教育現場なんです。僕の知り合いの中学教員から聴いた話ですけれど、そこはブラジル国籍の労働者が自動車工場でたくさん働いているところなんです。当然、家族も日本に来る。でも、外国国籍の子どもって義務教育を受ける「義務」がないんです。学校に通う「権利」はあるけれど。だから、その「権利」を行使するかどうかは本人が自己決定できる。

子どもたちも、最初のうちは学校に来るのだけれども、授業についてゆけないとか、いじめに遭ったとかすると、もう学校に来なくなってしまう。そして、そのまま放置すると、この子たちは学校教育を受けないまま成人になってしまう。日本語でもポルトガル語でも、日常会話はできるけれど、ちゃんとした読み書きができない。社会も理科も算数も、基礎的なことを知らない。この子どもたちにはキャリアを拓く可能性がありません。生涯を最下層の単純労働者として過ごすしかない。それが嫌だと言って、反社会的な組織に入るかもしれない。

それを避けるために教員たちは外国籍の子どもたちをなんとかして学校に継続的に通わせようと必死になっています。ポルトガル語がわかる先生も加配されて来るんですけれど、それも週1回ですからとても手が回らない。

もう一つ僕が聞いた話で考え込んでしまったのは、これは大阪の中学校の先生から伺ったのですが、その先生のクラスに1人ムスリム（イスラーム教徒）の子がいる。15歳ですけれど、ムスリムだからもうひげを生やしている。この生徒は何かことあるごとに「それはコーランの教えに反する」と言って校則を拒否する。学校の決まりごとですから、1人だけ例外にはできないので、担任の先生がそのつど説得して何とか折り合いをつけている。今は1人だからなんとか対応しているけれども、これがもしクラスに5人になったら、自分はちょっともう手が回らない。そう言っていました。

もちろん、外国に行っても、自分の信仰を守って、その教えに従うということは人間として当然の権利だと思います。でも、公立学校でことあるごとに「コーランの教えでは」で押し通そうとするのはかなり無理があると思うんです。

コーランの教えにしても、さまざまな解釈があるわけで、もう何世紀にもわたって法学者たちが議論してきているわけです。15歳の子どもが自分の知っているローカルな解釈に固着しているのは、宗教的な成熟が足りないのではないかと申し上げました。だから、先生たちは彼がムスリムとして宗教的成熟を遂げることを支援してほしいって。でも、そんなの答えになってませんよね。異教徒の中学生に向かって宗教的成熟を求めるのって、いくらなんでも教師の仕事の限度を超えていますからね。

でも、困難でも、解決方法ってそれしかないんですよね。市民的に成熟し、宗教者としても成熟していくこと。それしか複数の宗教が混在している環境でフリクション（摩擦）が起きないようにする方法ってない。法律で強制するわけにはゆかない。フランスみたいに法律を通じて、制度的に「政教分離」を徹底すると、逆に宗教的原理主義と排外主義が亢進《こうしん》するばかりです。これは法律ではなく、池田先生のおっしゃる「コモンセンス」のレベルでしか、解決できない問題だと思います。

他の多民族国家だと、移民たちにまず自国語の教育を制度的にやっていますね。自国語の読み書きができることをまず移民たちに求める。

池田　例えばフランスとかドイツとかから日本に来たりする人は、ドイツ語とかフランス語とかの自国語をとにかく教えているね。うちでは自国語をお父さん、お母さんがしゃべってるからわかるけれど、大きくなって学校に行きだすと日本語を使うことが多くなると、自国語をだんだん忘れちゃう。日本語しかしゃべれなくなっちゃったドイツ人の子が何かの加減でドイツに帰ることになっても、どうしようもなくなるから。

ヨーロッパでは大分前からそういう問題が起きていて、フランス語やドイツ語しかしゃべれない移民の子が迫害されて母国に帰ろうにも母国語をしゃべれないので、どうしようもないということが起こっている。

なかなか民族が入り乱れるっていうのは難しい。

第4章

エリート教育に失敗した日本

日本にはスティーブ・ジョブズは生まれない

池田　先にも話したけど、日本の一つの節目にバブル崩壊があった。１９９２年のバブルが崩壊したときに、日本は「じゃあ何をしようか」っていったときに、みんな真面目に考えなかったんだな。今までの成功体験をまたなぞればいいって思って、みんな一律に同じことをやって多様性とか考えないで、なるべく効率を良くして、もうちょっと世界に売れるものを作りたいっていう感覚をずっとその後も持ってたわけです。

だけど世界はどんどん動いちゃって、アメリカは、結局日本の繁栄と崩壊を見て、日本と同じことしていちゃもう駄目だって思ったんだろうな。それまでの日本は、薄利多売で大量生産して、みんなで同じことをして、あんまり突出したやつも落ちこぼれるやつもいなくて、ちょうど中間ぐらいのやつをそろえてやるモデルでやってて、それが世界的に成功したわけだけど、アメリカはそのモデルじゃもうこれからは駄目だろうって気づいて、日本がバブル崩壊する大分前から高くてもいいから変なものを作ろう、いいものを作ろうって切り替えたの。それがAppleであり、Microsoftであったわけ。

内田　そうなんですか。

池田　そのためにはものすごく特殊な人間が必要だったわけだけど、スティーブ・ジョブズだとかビル・ゲイツとかが出てきた。あの人たちはみんな並の人じゃないからね。並っていうのは、日本的な秀才じゃないから。それで変な人、すごく。完全に変だよ。ジョブズなんかすごい変な人。

内田　みたいですね。

池田　日本ではスティーブ・ジョブズみたいな人は出ないよ。金子勇のような人を裁判にかけたりしてストレスで死なせちゃったんだから。ものすごく優れたＩＴ技術者だったのに、開発した「Winny」というファイル共有ソフトが児童ポルノを勝手に流す温床になるとか言って逮捕されたんだよ。あれも変な話でね。映画にもなったね（映画『Winny』２０２３年公開）。

金子が京都の警察に捕まって逮捕されて起訴されたのが２００４年。それで一審は有罪だったんだけど、高裁で無罪、最高裁でも無罪になった。ただ裁判に7年かかった。これは、すごいストレスで、彼は2年後に心筋梗塞《しんきんこうそく》で死んじゃったんだよ。40ちょっとの若さで。恐らく相当な心労だったと思う。

彼は何をやろうと思ったかというと、それはＩＴのインフラなんだ。官憲というか、政権に暴かれないように秘密にして、誰が出したかわからないようにするというコンセプトで始めたんだ。当然、官憲は自分たちの気に入らないものを流されると、誰がこういうものを流しているのかを突き止めようとするじゃないですか。それを調べられない仕組みにしたんだよ。だから彼としてはそういう意図から始めたんだけど、調べられないってことは児童ポルノとかを流しても誰がやったかわからないじゃない。それでそういうのが出回って、金子を著作権法違反幇助《ほうじょ》という名目で捕まえたんだ。無罪なのは当たり前だよ。だって彼は道具を作った人で、それを使って犯罪をしたわけではなかったから、悪用したという罪では捕まえられなかった。こんなのが罪になるのなら、時速150㎞以上で走れる車を開発した人は道路交通法違反幇助で捕まえることができる。

そんなふうに、特殊な能力のある人間を日本はバッシングして「みんな同じことをやれ」みたいな教育で全部やってきた。長期的にいうとそういうところから凋落《ちょうらく》が始まったわけだよ。

日本は小学校からみんな右に倣《なら》え。「国の言うことさえ聞けば、幸せになれるんだよ」っていうコンセプトを植え付けたわけでしょ。それがずっと今まで続いて、それのなれの果てが今なんだよ。

結局、今の日本人みんなが考えてることは目先の利益。明日もうかることは考えるけど、その結果こういうことを続けてたら10年後、20年後、30年後にどうなるかは誰も考えてない。だから会社はつぶれるし、国はつぶれるしっていう話になる。長期的なビジョンを持てなくなっちゃった。

それは政治家の責任でもあるし、国民の責任でもあるけれども、本当にちょっとここまで来ちゃうとまずいね。２０２１年12月の第２次安倍政権が始まったぐらいで、いろいろと考えたらよかったんだけど。

僕と内田さんが何か言ったところで誰も言うことを聞くわけないから。

優秀な人材の海外流出

内田　日本では学校教育での同質化圧力が強くて、変わった才能のある人は息苦しくなって、海外に逃げちゃったんですよね。

池田　そうです。

内田　特に女性の研究者の海外流出が顕著だそうです。僕の友人で長くアメリカの大学で教えていた人に聞いたんですけれど、自然科学系の博士課程にいる日本人の中では、女性の研究者は必死だったそうです。男性は学位を取って日本に帰ればそれなりのポストが約束されているけれども、女性はかなり能力が高くても、それに見合うだけのポストが日本社会には用意されていない。それならアメリカの大学の教員になるか、研究所に入るか、アメリカで職を見つけるしかない。だから、女性研究者は男たちとは必死さが違っていたそうです。でも、それって、日本から有能な女性たちを組織的に海外に「追放」しているってことですよね。

池田　今だって、本当に優秀な人はみんな海外に逃げちゃう。変な話だけど、例えばノーベル賞を取るほど優秀な人は日本にいたって叩かれて研究できないから。

青色発光ダイオードを作った中村修二だってアメリカに逃げちゃうし。それからクラゲの緑色蛍光タンパク質を発見した下村脩も「日本だと私みたいな人は同調能力がないから研究できないのでアメリカで研究している」とか言ったらしいけど、それは皮肉だよ。

内田　斎藤幸平さんだって東大に受かったけど、アメリカの大学に行きましたからね。僕だって今高校生だったら、日本の大学には行きたくないと思います。何となく暗くて、創造性がなさそうだから。それより、好きな勉強ができる海外の大学に行きたがると思いますね。

池田　そういう人、多いよ。僕の孫が行ってた高校ではアメリカのアイビーリーグに行くための特別なセミナーしてるらしい。まあ貧乏人はアイビーリーグなんかには到底行かせられないけどね。

内田　お金はかかりますね。ハーバードなんて年間授業料がたしか800万円で、生活費を入れると年1000万円出せないと通えない。金持ちの子どもしか行けません。

池田　でも、そのぐらいのお金があるなら、日本の大学よりもアイビーリーグに行ったほうがいい。東大よりもイェール大学とかハーバードとかに行かせてあげるね。

内田　そのくらいの所得のある層はもう中等教育からアメリカに留学させていると思います。日本の中学高校に行ってもあまり楽しくなさそうですからね。僕だって子どもが小さいときに「海外の学校に行きたい」と言い出してたら多少無理をしても留学させていたと思います。

池田　今都内のトップの進学校では、外国の大学に行きたい学生にいろいろなセミナーを開いたり、制度的なことを親に説明する場を提供したりしている。そうなると優秀でお金がある人はみんな外国へ逃げてっちゃう。ということは日本で一生懸命育てても最終的には全部アメリカとかに取られちゃうってことです。

内田　韓国の大学に留学する学生も多いです。僕の知ってる子は、高校生のときから「大学は韓国」って決めていて、ハングルをずっと勉強して、この間ソウルの大学に受かりましたからね。考え方が自由で、優秀な子ほど日本の大学を見限り始めている。

子どもたちがそうなっても仕方がないと思いますよ。だって、今の日本の学校は子どもたちの可能性を発見して、その発育を支援するための場所ではなくなっているから。「黙って上司の言うことを聞いて、どんな労働条件にも耐えて、英語ができて、辞令一本で翌日から海外勤務できる労働者」を大量に備給することを産業界から命じられていて、それに従っている。そんなつまらない場所に元気のいい子どもは行きませんよ。

僕が仏文に行ったのは「仏文科はアクティビストが多くて、面白そうだ」と思ったからです。

僕が高校生だった頃は、桑原武夫とか鈴木道彦とかが知識人として社会的発言をしていた。だから何となく「仏文学者は発想が自由で、元気のいい人たちがいる」と思ってました。そう言えば、太宰治も小林秀雄も大江健三郎も仏文だ。きっと楽しいだろうと思って仏文を選んだ。

でも、行ってみたら、まったく期待と違っていました。先生たちは誰も政治的な発言をしないし、メディアで発信することもない。専門の話しかしない。そして、学生院生に対する成績査定がどんどん厳しくなってきた。大学の仏文の教員ポストが減ってきたので、その「椅子取りゲーム」をさせられるようになった。でも、そんなせこい競争をしているところに、ふつうの子どもたちは「行きたい」と思わないでしょう。

そうやって「内輪の競争」に夢中になっていたせいで、たしかに日本の仏文学研究のレベルは上がったのかもしれません。でも、気がついたら仏文志望の学生が激減していた。そりゃそうですよ。中高生に向かって「仏文は面白いぞ。仏文においでよ」というメッセージを送る仏文学者がみごとに1人もいなかったんですから。それどころか、一般人には理解不能の専門的研究ばかりして「内輪のパーティ」に興じていた。でも、少し考えればわかると思うんですけれど、中高生が「仏文に行きたいなあ」と思わなければ、いずれ仏文科に進学する学生がいなくなって、仏文の教員ポストそのものがなくなるんです。教員ポストを得るために必死になって研究していたのに、研究に明け暮れて社会に向けて「仏文で研究していると、こんなに楽しいよ」と発信する仕事を怠っていたら仏文科そのものがなくなった。

これは僕たちの世代の研究者たちが、政治的発言をしたり、社会問題について仏文研究者らしい知見を語るということを怠っていたことが一因だと思います。アカデミアに中高生たちを惹きつけるために必要なのは「研究することは楽しく、研究者は精神の自由を享受している」というメッセージを発信することに尽きると思うんです。研究の楽しさと研究者の自由を伝えられなければ、人は来ないですよ。

池田　とにかくひどいよ。ピア・レビュー（相互評価）っていうのがだんだんひどくなってきてね。あんなのやらなくて、何でもいいから論文を出しちゃったほうが面白いのにね。最終的に論文はレビュアーではなく読者、そして最終的には歴史が評価するものです。僕は学位を取って山梨大学に就職するまでは、ピア・レビュー付きの論文も多少書きましたが、そうしないと就職できないからね。パーマネント（半永久的）の職を得てからは学会の動向は完全に無視して好きな研究だけをしていました。学会の大会に出席したことはほとんどない。学会の流行に反するような理論書ばかり書いていました。

内田　査定の精度を上げて、厳密にすると「海のものとも山のものともつかない」変な研究をする人の居場所がなくなっちゃうんですよね。

受験秀才より「運がいいやつ」を登用していた

池田　基本的に明治の半ばぐらいから、日本は東京帝国大学と陸軍士官学校と海軍兵学校を出たやつをエリートにして統治させる官僚システムにしてしまったでしょ。みんな、受験秀才なんだよね。臨機応変に難局に対処する能力というよりも受験勉強がうまいやつ。

受験勉強って何かというと正解が決まった答えを解くわけだから、新しく変なことが出てきたときに受験秀才は対処できない。そういう受験システムを作って、それをずっとやってるわけです。それで太平洋戦争をやって負けても、その後も結局、日本の教育って受験勉強ができるやつを優遇することをずっとやって今も続いてる。受験システムとは無縁な天才を抜擢するということをほとんどしない。

この前、自分のメルマガにも書いたけれど、日清戦争とか日露戦争を戦った将軍って、兵学校とか士官学校とかを出ているわけじゃない。乃木希典《のぎまれすけ》は藩校出だし、東郷平八郎は14歳で薩英戦争に従軍している。自分たちで実践をやりながら鍛えてきて、自分の頭で考えて戦ったわけだけど、太平洋戦争になってからは基本的に前例踏襲主義だね。

それから日本は方向転換ができないっていう悪癖があるよ、まったく引き返せない。

内田　本当にそのとおりだと思います。受験秀才が革命やるとか国家的危機を救うというようなことは絶対にないです。

僕は学校教育にしても官僚の登用制度にしても、制度そのものはそれほど悪いとは思っていないんです。他に作りようがないんですから、仕方がない。でも、受験秀才だけしか出世できないという人材登用システムはまずい。それでは創造的なことはできないし、危機的状況に対処できないから。たしかに受験秀才は「平時モデル」では役に立ちます。

でも、非常時には使い物にならない。「前例がない」とか「例規集に書いてない」という理由でフリーズしてしまう。受験秀才は「正解を知らない場合は、誤答するよりは黙っているほうがいい」ということを子どもの頃から刷り込まれていますから、危機に遭遇すると口をつぐんで仮死状態になる。そうしろと教え込まれてきたんです。

だから、制度の要所要所には「受験秀才じゃない人」を配しておく必要がある。「非常時用」です。パーセンテージでいったら15％ぐらいかな。「変な人」をふつうの人事とは違う基準で登用することが必要なんです。

ナポレオン軍は当時ヨーロッパ最強だと言われていましたけれど、理由の一つは若くても軍功をあげた軍人をどんどん抜擢したことです。ネー元帥は16歳で兵卒として軍歴を開始して、30歳で師団長になり、35歳で元帥に任命されました。ナポレオンは「使える」と思ったら、年齢や官位とかかわりなく、どんどん登用した。そして、ナポレオン独自の採用基準は「運が良い」ことだったそうです。これは一つの見識ですよね。世の中には人知の及ばないことがあります。「運の良い人」の身にはしばしばあり得ないような幸運が訪れ、奇跡的な仕方で不幸を避けたりする。だったら「運の良いやつ」に軍隊の指揮を執らせるのがいい。東郷平八郎もそうでしたね。予備役に回されていた東郷を連合艦隊司令長官に推すときに山本権兵衛《ごんべえ》が明治天皇に告げた推薦理由は「東郷というのは運のいい男ですから」だったそうですから。

池田　「運がいいからこいつを使え」って言ったんだよな。

内田　軍人だと「運がいい悪い」はすぐわかりますよね。

　ノルマンディー上陸作戦のとき、最悪の戦場になったオマハビーチ上陸作戦を指揮したノーマン・コータ准将もそういう人だったみたいです。映画『史上最大の作戦』ではロバート・ミッチャムが演じてますけど、この人、弾が当たらないんです。ドイツ軍の機関銃が海岸を掃射している中を葉巻を咥《くわ》えて歩いて、兵士たちにてきぱきと指示を伝える。見ている兵士たちは「この人には弾が当たらないんだ」と思ってしまう。そうすると、そういう指揮官に「俺についてこい」と言われたら黙ってついてゆきますよ。

池田　結局、登用システムでは、江戸時代でも幕府が困るとこれだという人を抜擢していたわけです。その人に任せてやってうまくいく場合もいかない場合もあるけれど。そういう登用システムが明治の半ばぐらいからなくなっちゃった。それが日本の根本的にいうと近現代の衰退の一番の大本の原因だね。

「共身体」を重視した英国のエリート教育

内田　つまり、日本はエリート教育に失敗したということですよね。イギリスはエリート教育をかなり真剣にやっていたと思うんです。大英帝国は七つの海を支配したわけですから、上からの指示待ちのイエスマンでは、遠い植民地の行政官や軍人は務まらない。だって、通信手段が手紙しかなかった時代だと、うっかりすると現地で何か重大な出来事が起きてから、それを政府に報告して、現地に指示が届くまでに何か月もかかる。その間ずっと何もしないでフリーズしていたら、たいへんなことになる。だから、「大英帝国の国益にとって最良の選択肢」を自己判断で選び取って、自己責任で実行できる人間をエリートとして育てる必要があった。

これは日本的な受験秀才とはまったく違う人間ですよね。上からの指示がなくても臨機応変に最適行動をとれる行政官や軍人を育てるんですから。こういうエリートにとって一番大事なのは「国益」と「自己利益」がリンクしているということですね。

マニュアルにない出来事に遭遇しても、自己判断で「これが国のためだ」とわかるのは、幻想的にではあれ「私にとって気分がよいこと」はそのまま「国にとっても気分がよいこと」であるという一致感があるからです。パブリックスクールで涵養《かんよう》しようとしたのは、この「国と自分自身が法律や契約によってではなく、体感として一つである」感じだったと思うんです。そうすれば、上からの指示がなくても、現場で最適行動を選択することができる。

アフリカでフィールドワークをやってたイギリス人の学者が、ヨーロッパで戦争が始まったと聞いて、自分が観察していた村人をただちに兵隊として編制して、自分はその指揮官になって、ジャングルを越えて、ドイツ軍基地を襲撃したという話があります。これなんか、別に本国政府から何の指令も来ていないのに、勝手に私的な軍隊を編制してしまったわけですよね。『アラビアのロレンス』のT・E・ロレンスもそうですよね。出先のアラビア半島で、英国政府とのすり合わせなしにアラブの部族長たちと外交的な約束をしてしまう。

こういう越権行為ができるのは「国益のために何をなすべきか」を自分は誰かから教えてもらわなくても知っていると確信しているからです。それができるのが本当の意味でのエリートなんです。そんな能力は子どもの頃からそういう教育を受けていないとまず身につかないです。

池田　日本は小さいうちから、小学校、中学校あたりでエリートを養成する仕組みがないから。イギリスのパブリックスクールは完全にエリート養成機関だから、普通の学生たちとは違うことを教えるわけです。

日本のいわゆるエリート養成は、受験勉強ばっかりしてるでしょ、難関校と呼ばれる開成でも灘《なだ》でもどこでもみんな。それは全然違う、そういうことじゃない。

内田　パブリックスクール・スポーツを見るとわかるんですけれど、ラグビーもサッカーもボートも、どれもチームメイトと複数の人間で「共身体」を形成するための訓練なんですよね。多細胞生物の一部になったように、チームの一員になる。共身体が形成されると、チームの他のメンバーが何を見て、何を聴いて、何を感じているかがわかる。逆に自分が感じていることを全員に伝えることができる。そういうことができる身体を作る訓練を集中的に行っている。

池田　ボートなんか完全にそうだよね。

内田　そうですね。呼吸も鼓動もあわせて、一つの身体になる。

池田　サッカー、ラグビーもそうでしょ。だけど野球って違うんだよな。野球は完全にみんな個人プレーで、飛んできた球をただ捕るだけだから。例えばピッチャーとバッターが対決して打って三振をとったりしてるだけで、三塁のほうにボールが飛んできたときに三塁手が捕って一塁に投げる。そのときにレフトのやつは何してるかというと、ただぼーっと立ってるだけ。関係ないわけだよ。

だけど、ラグビーとかサッカーとかは、どこに球が来るかわからないから、常に個々が全体を把握してる必要がある。それじゃないとうまく動けないわけでしょ。あいつが失敗した、俺が突進していけば捕れるぞとか、そういう判断がいつでもできないと。

野球はそうじゃない。そういう点ではやはり野球がイギリスで流行らなかったのはわかる気もする。アメリカンフットボールはちょっとラグビーと似てるようなところもあるけど。日本発祥のスポーツに団体競技はないからなあ。

内田　ないですね。

学校で教える「前へ倣え」は軍事訓練から始まったもの

内田　１８７７年の西南戦争のときに、西郷軍に対して政府軍は農民出身の鎮台兵で戦ったんですが、これが白兵戦では大敗した。最終的には圧倒的な火力の差で戦争に勝つことは勝ったんですけれど、戦後に大演習が行われて「なぜ鎮台兵は弱いのか」を検証したことがありました。その結果わかったのが、農民出身の兵隊は整列ができない、行進ができない、走れないことがわかった。当たり前ですよね。農民はふだんはまず「集団で列を作って走る」なんてことしませんから。
江戸時代までの武士なら、「整列」という号令がかかったら、すぐにできたと思うんです。もともと戦争というのは、何千騎何万騎という単位で行動したわけですけれど、いちいち伝令を出して動いていたのでは間に合わない。「股肱之臣《ここうのしん》」という言葉がありますけれど、自分の手足のように部下に意思を伝えることができなければそんなスケールの戦争は指揮できません。ここでもやはり「共身体」がかたちづくられる。

そして、この「共身体形成能力」そのものが武士階級固有の身体文化で、その圧倒的なアドバンテージゆえに、人口比で7％しかいない武士階級が社会を支配することができた。だから、そういう共身体の形成と運用のノウハウは長く階級的な「秘密」とされてきたと思うんです。

でも、明治以降武士階級は解体されて、男子は全員が兵隊になることを義務づけられた。そうなるとそのノウハウを「大衆化」する必要が出てきた。だから、学校教育に「朝礼」というものが入ってきた。子どもを整列させ、行進させること。それが朝礼の本来の目的だったと思います。

「前へ倣《なら》え」というのは文字どおり「前へ倣え」なんです。自分の一番近くにいる人間と同じ身体感覚になれという指示なんです。身長順に並べるのも、性別で列を分けるのも、できるだけ自分と似た身体の子どもと「自他の境界がなくなって、同一化する感じ」を身体的に刷り込もうとした。僕はそう理解しています。あれは軍事教練の初歩なんです。

池田　今でもやってると思う（笑）。

内田　明治維新以降の日本の教育って、ずっと強い兵隊を作ることに特化してきたんです。

池田　ちょうどこの間、イラストレーターの南伸坊さんと対談して、南さんも俺も幼稚園も保育園も行かなかったから、小学校で「前へ倣え」って言われて「なんのこっちゃ?」って思ったって話をしたんだよ（笑）。

　僕は小児結核をやって幼稚園に行けなかったから、うちでゴロゴロして、やることないからうちの前の庭で虫を捕って遊んでいた。だから、小学校入ったときに平仮名が書けなかった。小学校入学の時点で平仮名を書けなくても大学教授になれるから大丈夫ですよって、よく言ってるんだけど。

内田　僕は6歳のときに重い心臓弁膜症を患ったので、中学までは激しい運動が禁止されていました。それでも武道の先生になれた（笑）。

池田　前へ倣えで手を肩の高さまで上げれば、前の人との間隔は大体ぴったしになる。人間は腕の長さはだいたい同じだからそろう。

内田　たぶん「前へ倣え」っていう身体訓練はヨーロッパではしないと思うんです。歩くにしても、走るにしても、昔の日本人は同じ側の手と足を出す「ナンバ」歩きでしたし。

池田　今と手と足の出し方がちょっと違うからね。

内田　昔の日本人は、もう少し胸も腰も落として歩いてたはずなんです。それを「背を伸ばして、胸を張って、手を大きく振って、足を踵《かかと》から落とす」ヨーロッパ的な歩き方に無理やり変えた。

池田　それで日本人はみんな腰が悪くなった（笑）。

内田　戦前の日本の学校体育の最優先目標は指揮官の言うことに黙って従う兵隊をつくることだったと思います。

池田　体と同時に頭の使い方を変えないといけないんだよね。人間ってインプットがあると、それを頭でこねるじゃない。それからアウトプットをするんだけど、それをなるべく短縮するっていう訓練を運動選手も兵隊もしているわけですね。

何かが来たときに即座にそれに対して一番最適な方法は何かを考える訓練をいつもしておけば、そのパスウェイ（道筋）ができているから、いざ来たときにぱっとできる。それって本当のことを言うと、虫とか鳥の能力なんです。

鳥が集団で飛んでるのを見ると、ばあっと見事にバランスが取れて流れるように飛ぶじゃない。大群があたかも1匹の個体みたいに。あれは隣のやつを見て、自分もそれに一番基本的に同期するにはどういうふうに飛んだらいいかを全部頭でわかってなきゃできない。鳥の場合、アウトプットとインプットの間の時間を最小にすることを遺伝的にやってるんだろうけど。

人間はそれができないから、スポーツの選手は訓練してそれをやろうとするわけだ。野球の選手だって頭で考えてから打っていたら打てっこない。瞬間的に、どこにバットを出せばいいかっていうのは直感でわかるんでしょう。長嶋茂雄が「どうやって打つんですか」って聞かれたら「球がどっと来たらだっと打つ」と言ったらしいけど（笑）、そんなことなんだと思う。

僕は昔、新潟県新井市の大毛無山《おおけなしやま》というところで毎年スキーをやってたんだ。養老さん、南伸坊さん、甲野善紀さんも大体一緒だったな。そこでオリンピックに出場した女性選手がインストラクターをされていて、僕は新雪だとどうしてもうまく滑れなかったから、「どうやって滑るんですか？」って聞いたんだ。そしたら、「それは池田先生、ここのとこで、ざっと入ってばっと出るんですよ」って言うわけ（笑）。

本人はできるからそう言うけど、こっちは言葉的にそう言われてもわからないわけでしょ。それって彼女の頭の中では、スキー板の下の雪に反応して「この雪質だったらこういうふうに体を動かして、この雪質だったらこうやったらいける」っていうのを全部、瞬間的に判断してるわけだよね。そういうことができるようになるのは、ある程度訓練が必要だよ。本当に何が来てもとにかく即座にそれに対応できるっていう身体能力は、何をするにしても大事だと思う。

スポーツ、武道からコミュニケーションを学ぶ

内田　一斉に動くのは、馬もそうなんです。僕は、時々馬に乗りに行っているんですが、馬っ

てものすごく臆病《おくびょう》な生き物なんです。何か怖いことがあったらすぐ逃げ出す。獣が襲ってくるとか、山火事に遭うとか、そういうときは群れをなして逃げる。そして、逃げ出すときには「逃げる方向がわかっている馬」についていくんだそうです。決然とある方向に走り出す馬がいると、みんなついていく。だから、馬に乗る人間は「馬自身よりも馬の行く先を知っている」という感じを馬に伝える必要があると教わりました。

「行く先を知っていると想定された主体」に群れが同期するというのは、生存戦略としては正しいと思うんです。実際にそうなんですから。何かパニック的な事態が起きたときには、その場でフリーズするより、「こっちだ」と確信を込めて言うやつについていくほうがたぶん生き延びるチャンスが高い。それは経験則として本能に書き込まれているんだと思います。

集団として行動する場合には、決然と動く個体と同期することが生存戦略上有利であるということは鳥でも馬でも人間でも変わらない、人間の場合でも近くに同種の個体がいるときには、つい同期してしまう。蛍の発光も、カエルの鳴き声も同期する。

でも、群れが同期するときには、誰か「同期を誘発するもの」がいて、あとは「誘発されるもの」になるんです。周りを同期させることのできる個体は「同期誘発力が強い」。僕がやってる合気道という武道はたぶんこの同期現象を利用している。

「敵」との対立関係を認識するのは脳の働きです。脳は「敵」との勝敗強弱遅速を競おうとする。でも、身体には「敵」という概念はありません。細胞レベルではつねに同期を志向する力が働いている。だから、馬の群れと同じで、「こっちだ」と決然と走る馬に、ついついていってしまう。

脳は相手との間に対立関係を設定します。だから、「相手と違うこと」をしようとする。相手より速く動く、相手の動きをかわす、相手の隙を衝く、いろいろする。でも、細胞レベルでは近くに同種の個体がいて、それが「こっちだ」と言って走り出すと、ついふらふらとついていってしまう。生き物って、そういうものなんです。

僕の理解では、合気道というのは、できるだけ脳の干渉を排して、身体主導で動くような場を設定するところから始まる。筋肉や骨や腱や臓器は別に近くにいる他者の身体と対立する義理はないんです。脳が「敵だ。戦え」と命令するからその指示で動くだけであって、身体そのものはそもそも「戦う」ということの意味がわからない。身体に理解できるのは、近くに同期誘発者がいるとそれに同期するほうが生存戦略上有利であるという経験則だけです。それはDNAに深く刷り込まれている。

ですから、合気道では勝敗を争わず、強弱に拘《かかわ》らず、先後遅速を競わない。それは全部脳的な動きだからです。脳の干渉をできる限り排して、自他の対立関係をなくして、二つの身体と身体を同期させる。

同期というのは伝統的な武道の中心的な技術課題だったと思うんです。２人で同期できるなら、３人でも、５人でも、10人でも理屈では同期することができる。武士が身につけようとしていたのはこの同期の技術だったと思うんです。そうでなければ、「戦技に長《た》けた人間を一国一城の主にする」という戦国時代のプロモーションの意味がわからない。「武術に優れた人間は行政官としても卓越しているはずだ」という推論が成り立ったのは、武術の本質が周囲の人間を自在に動かす力だったからだと思うんです。

でも、明治になって武士階級が消滅して、男子全員が兵隊になったときに、「同期させられて、誘発者についていく」能力だけが強化されて、「同期誘発者となって、群れを自在に操作する」という将帥に必要な資質の開発プログラムは放棄された。要るのは消耗品としての兵隊だけだったから。

池田　みんなが命令を実行するだけになっちゃったからな。

将棋なんかも、勝とうとは思っているけれど、相手とほぼ同期してるんだよね。だからすごくいい棋譜ってスムーズに流れるようにいって、ほぼ同期しているんだけど、途中で同期を外すことで最後はどっちか勝つわけです。でも本人たちははめてやろうとかそんなこと思ってない。

羽生善治にしても、今一番強い藤井聡太にしても、相手が一番いい手を指してくれるとうれしいんだよね。自分もそれに対して応えなきゃいけないから、一番いい手を探す。そういうことをずっとやってるんだよ。素人は勝敗しか見ないけれど、相当将棋ができる人は、お互いにコミュニケーションしてるんだよね。そういうことがわかると、相手に対する敬意がわく。

だからプロ同士はそれがわかるから、羽生や藤井は棋力が違うなってわかる。一方、コンピューターはそういうことを考えてないから面白くない。コンピューター同士の戦いもやってるけど、誰も見ないもんな。最善手、最善手と、機械が考えてる最善手を打つだけだから。相手の微妙な悪手にどう対応するかが、人間同士の将棋の面白いところだ。

スポーツも、本当はそうだよね。サッカーにしても何にしても、相手と自分がコミュニケーションしながらやってるわけで、そうすると好敵手の才能とか能力っていうのがお互いにわかるから。そういうところでもって、戦ってても面白いっていうのがあるんじゃないかな。あまり弱いやつとやっても何も面白くないよ、きっと(笑)。

研究の醍醐味は他人の評価ではない

内田　勝敗って副次的なものなんですよね。神戸製鋼でバックスをしていた平尾剛さんというラガーマンから現役の頃からよくお話を伺っていたんですけれども、最高のプレーをすることがゲームの目的であって、それは勝敗とは関係がないと彼は言うんです。「生涯最高のプレー」はいくつかはっきり細部に至るまで記憶しているけれども、その試合でチームが勝ったか負けたかは覚えていないっていう話を伺ったことがあります。ラガーマンの目標は「最高のプレー」をすることであって、それはチームの勝敗とは関係ない。チーム同士の勝ち負けを競うという設定にしておいたほうがプレイヤーのパフォーマンスが上がるから試合をするわけで、勝敗は方便なんです。

池田 でも普通の人は勝敗しか見ないから、誰が勝った負けたっていう話になっちゃう。やってる本人は勝敗よりも、例えば将棋だったら、誰も今まで指したことのないような手を考えて指したとかいうのが自分にとっての勲章みたいなものだろう。相手も、あれはすごいいい手だったって思うような、歴史に残るような名手はいくつかある。そういうものを指したっていうことがすごいんだと思う。

何でもそう。科学者にしても何でも、今まで誰も考えなかったことを考えたということは、誰も評価しなくても自分にとっての一種の勲章みたいになるわけでしょ。そのために今、一生懸命考えてるわけだよ、いろんなことを。

内田 僕みたいな人文系の研究者でも、「このアイディア、まだ誰も思い付いてないんじゃないかな？　これに気がついたの、オレが世界最初？」と思ったときが一番興奮しますね。

池田　それが一番興奮する。

内田　発見というのは、「『これ』って、『あれ』じゃん」という文型を取るんですよね。そんなことがあるはずのないところに同一パターンの再帰を発見する。ランダムに生起しているように見えた現象が実は数理的で美しい法則に基づいてると気がついた瞬間は、すごく興奮しますね。

池田　そういうのあるよね。

虫を見てて、誰もがみんな、ずっと同じだと思ってたものをずっと見較べているうちに「これとこれ、本当は違うじゃん」って思い始めて、「違うじゃん」ってわかった瞬間に、その後はもうはっきりと違いがわかるんだよ。ここが全然違うって。今まで誰が見ても同じだと思っていたのが、そうなると、こっちは名前が付いているけど、こっちは付いてない新種となる。高次分類群の体系を決定することに比べるとあまりレベルは高くないけど、そういうのって分類を研究している人の一種のパラダイムチェンジで、それが楽しくて病みつきになるわけでしょ。

内田　新種の発見を。

池田　そう。標本を見て、つまんないことをごちゃごちゃやっているなって思われるだろうけれど、見ている瞬間に「これ違うわ」っていうのがわかることもあるんだよ。

もちろん見た瞬間に新種だとわかる虫もあるけどね。だいぶ前だけど、沖縄からネキダリスというみんなが欲しがってる属のカミキリムシを友だちが採ってきたときは見た瞬間に新種だと思ったから、すぐに記載したけどね。それはそれで興奮するけど。

もう亡くなってしまった高桑正敏君と2人で記載したモロルクス・ピニボラスっていうカミキリムシは、ヨーロッパにいるモロルクス・ミノールと同じだとみんな思っていたんだ。僕は初めて会津で採ったとき、なんかのろのろしたカミキリムシだなと思ったんだよね。その後南アルプスに行ったときにブンブン飛んでるのがいて、飛び方が会津のとはまったく違うからおかしいぞと思って、帰ってきてから調べると、この2つは別の種だった。最初にのろのろしてたやつが実は新種で日本の固有種だったんだ。南アルプスのものが本物のミノールだった。カミキリムシの専門家の高桑君に連絡して会津のものに、共著で名前を付けた。今までみんなが当然だと思ってたのが当然じゃないぞってなるのが面白いよね。

僕は生涯で一番興奮したのは、1990年に『構造主義科学論の冒険』（毎日新聞社、のちに講談社学術文庫）を書いたとき。科学っていうのは真理を追究するものだとずっとみんな信じてたんです。科学は真理を追究するものじゃなくて同一性を追求するものだっていうことに思い至ったときに、こんなことは誰も言ってなかったと思ってワクワクしましたね。

校則・規則の作りすぎが子どもをダメにする

内田　僕は、一九会という修行の集まりの会員なんです。一九会は山岡鐵舟の最後の弟子だった小倉鐵樹《てつじゅ》という人を指導者にして東京帝大の学生たちが始めた禊祓《みそぎはら》いの会なんです。大正11年（1922年）創設なので2022年に100周年を祝ったところです。

東大のボート部の学生たちが作った組織なので、一九会のルールは大正時代の大学の部活そのままなんです。一九会に入って一番びっくりしたのは、上下関係も指揮系統もないことです。修行があり、さまざまな作務《さむ》があるんですけれども、指示とか命令というものがないんです。みんな黙って動く。ご飯炊くのも、配膳するのも、片づけるのも、掃除するのも、誰も命令しない。

入ったばかりの頃は指示を待っているうちに掃除が終わってしまったということがありました。自分で掃除道具を探し出して、自分で掃除するところを見つけないと、掃除に参加できない。「命令や指示がなければ、自分が何をすべきかがわからないような人間はここにはいない」ということが前提になっているんです。

「自分が何をすべきかがわかっている人間」だけで運営されている組織ですから、上下関係も、上意下達の指揮系統も要らない。そういう考えで存立している組織なんです。なるほど、これがかつての帝大のエリート教育の実態なのかと思いました。

大正11年の創建ということは、新渡戸稲造が一高の校長だった頃にその薫陶《くんとう》を受けた学生たちが創立メンバーには含まれていたはずです。『武士道』に書いているとおり、新渡戸は学生たちの自律の力を信じて教育に当たった。それが「大正デモクラシー」ですけれども、僕は一九会で「生きている大正デモクラシー」に初めて接しました。修行している建物も、机も、献立も、100年前のままなんですからね。

今の日本の体育会クラブ、特に武道系のクラブはほぼ全部が旧軍の内務班（隊内生活の最小単位）を模して組織化されています。軍隊は訓育と教化のためのシステムですから、当然命令と叱責の怒鳴り声ばかりが飛び交う。僕たちはつい「戦前の日本の組織」というのは全部軍隊みたいなものだと思っていて、「伝統を守る」というと軍隊の真似をしますが、それだけが伝統であるわけじゃない。エリート教育は旧軍の兵隊作りとはまったく違うものだった。

池田　見て学ぶってことですか。

内田　そうです。もちろんやってはいけないことをすると注意されますけれども、その場合でも決して人前では注意しない。脇に呼んで、小さな声で「あれしたら駄目です」って言う。人前で会員を面罵《めんば》するとか叱責するという場面を僕は一九会では一度も見たことがありません。

ちょっとそれはないだろう……というようなことをした場合でも静かに「諭《さと》す」だけです。怒声と叱責と体罰で「上位者の言うことなら、どんな理不尽な命令にも従う」兵隊を作る旧軍内務班の教育システムとまったく違う。でも、ほんとうにエリートを育てようと思ったら、「命令されなくても、自分が何をなすべきかがわかる」人間を育てるべきなんです。

池田　うちの中だってそうでしょう。別に誰も命令なんかしてないけど自分がやるべきことはさっさとやっちゃう。

時々ぼーっとして何もしていないと、かみさんに「お風呂洗いなさい」とか言われるけど（笑）。あれと同じ。ご飯が大体終わったら食器を片付けなきゃいけないから、誰にも言われなくたって誰かが片付けるじゃない。言われなきゃできないのは、ちょっとみんな人間として駄目なのかもしれないね。

学校だって、自主性を鍛えないで、くだらない規則をつくってそれに従わせるからややこしくなるわけで、校則なんてなくたっていい。

内田　くだらない校則なんかなくていいんです。常識で判断しろ、でいいんです。そのための常識を標準装備している子どもを育てればいい。

池田　僕が通った高校って生徒手帳に学則が書いてあったけど、服装の規定は「浴衣の着流しとランニングで来ちゃいけない」ってことぐらい（笑）。

内田　それは、そんな恰好で来た学生がいたってことですか。

池田　いたんじゃないですか？　それ以外は常識で、要するに高校生らしい服なら何でもいいと書いてあった。だから僕なんか、夏は暑いから学生服を着ていかなかったなあ。短パンに高げたを履いてきたやつもいたけど、どうってことなかった。

内田　げたで来るやつは大学にはいましたね、僕らの頃は。

池田　俺もげたを履いて高校に行ったことはあるけど、げたって駄目なんだよね、うるさくて。走るときはげたを脱いではだしで走るほうが速いし。でもそんなことをわざわざ校則にする必要はない。

内田　ルールは少ないほうがいいです。「法三章」（漢の高祖が定めた殺人・傷害・窃盗のみを罰する法律）ですよ、ほんとうに。

池田　ロビン・ダンバーというイギリスの人類学者がダンバー数（人間が安定的な社会を維持できる上限）っていうのを考えたんだけど、150人以下の集団だったらルールはなくてもうまくいくんです。さっきの内田さんの東大一九会の話じゃないけど、ルールなんか決めなくたって、メンバーがお互いに、こいつはこういう性格、あいつはこういう性格っていうのがわかっていれば、自分がやるべきこととか、自分が得意なところは自分がやっちゃうほうが早いとか、わかっているから。そうするとルールなんかいちいち決めなくたってうまくいく。

ルールを決めると、不公平だとか、私はやってるのにあいつはやってないとかいうことが必ず出てくる。同じだけの給料もらっているのに、とか。

それからルールを守らないからけしからんって言うやつも出てくる。ルールなんて別になくてもうまくいけばいいだけの話なのに。

内田　ダンバー数って、実践的に適切な数ですよね。戦闘の基本単位である中隊は150人です。新選組も150人でした。それくらいだと、全員が自分が何をすべきかがわかっているので、大筋だけ決めておけば、細かい指示を出す必要がない。だから、中枢に大きな管理部門を置く必要がない。

凱風館もだいたいアクティブ・メンバーは150人です、不思議なことに。30年道場をやっていますけれど、だいたい150人上限で推移している。規則もほとんどありません。一つだけです。道場に対して敬意を示すこと。あくまで道場に対する敬意であって、師範の僕に対する敬意ではありません。僕はどうでもいいんです。でも、道場に対しては十分な敬意を示してほしい。道場を大事にしてほしい。うちには書生が今5人いるんですけど、最初に書生を採用したときに「書生って何をするんですか？」と訊かれたので「掃除」と答えました。

池田　それはシンプルでいい。

内田　道場の規則は「道場に敬意を示す」という原則からだいたい類推できるはずです。書生の就業規則もありません。「道場をきれいに保つ」ために何をすればいいかは自分たちで考えればいい。それでずっとやってきました。僕は自分からは指示を出さないので、書生たちは勝手に来て、仕事をして、勝手に帰ってゆきます。階下で書生が何かしている音がしても、僕は見に行きません。お金もまとめて預けてあります。要るものがあったら買ってもらう。なくなったらまた取りに来る。何を買うか事前に僕の許諾は要らないし、帳簿のチェックも僕はしません。指示がなくても必要なことは自主的にするという組織にしておくと、ほんとうに楽です。

池田　ルールのない学校のほうがうまくいってるよ。早稲田大学はルールがなかった。タイムカードもなければ何もなくて、出校する必要がなければ勝手に休んでよかった。

僕がびっくりしたのは、早稲田大学に勤め始めてから、夏休みにロンドンとタイに行きたいと思って「有給休暇を取りたいんですけど」って言ったら「早稲田に有給休暇はありません」って事務方に言われた。「そしたら、どうやって休むんですか」って言ったら「授業に穴を空けなければ、先生、勝手に行って結構です。ただし届け出を出すと、保険を大学がかけてくれるから、そのほうが得ですよ」って。だから一応、届け出を出したんだけど海外傷害保険とかを大学が金を出してくれたよ。

それまで国立大学に勤めてたから、夏休みでも有給を取って行かなきゃいけなかったんだ。外国出張は教授会で審議するんだけど、誰も人が有給を取って外国に行くのを駄目だと言うやつはいない。「研究で行く」って言ったら、それでよかったから大して変わりはないけど。

内田 いいですね。神戸女学院大学も、好きにさせてくれました。毎年学生たちと海外にゼミ旅行にも行きました。海外ゼミ旅行は大学に申請したらたぶん「ダメ」だと言われると思ったので、黙って行きました。

池田 そのほうがうまくいくんじゃないかな。

先生に対しても学生に対してもルールをうるさく決める学校は駄目だと思う。

内田 ルールが増えると、ルールを守らせるための管理部門が肥大化するんです。大学の場合、管理部門って、本来は教育研究活動を側面から支援する部門で、それ自体は価値を生み出さない部門です。でも、ルールが増えて、組織マネジメントがうるさく言われるようになると、管理部門に、権限も予算も人員も集中するようになる。そうなると、次第に組織の生産性が低下します。価値を生み出す部門への資源配分が減るんですから、当然です。

すると「生産性を向上させるための管理」を強化しようとしてさらに管理部門に権限が集中し、さらに生産性が低下する……。一度その悪循環が始まると、もう先がありません。今の日本のダメな組織はどれもそのピットフォールにはまり込んでいますね。

第5章

葛藤国家・日本の未来

なぜ日本ではイノベーションが起こせないのか

池田　日本の同調圧力っていつ頃から強くなったんだろうね、明治以降かな。

内田　そうでしょうね。それまでは政治単位が276の藩に分かれていて、それぞれが固有の政治単位で、原則的には自給自足の経済単位として独立していた。それぞれの藩には固有の芸能や祭祀《さいし》や食文化があった。だから、江戸時代までは同調圧力というのはそれほど強くなかったんじゃないですか。

池田　同じ日本っていっても国が違ったし。

内田　「お国なまり」とか「国境《くにざかい》」とか「お国自慢」というときの「国」は日本ではなく、藩のことですからね。

池田　藩ごとにやってることが違うし、日本国で同じことをやろうなんていう話にはならなかった。だから、同調圧力が強くなったのは明治の半ば過ぎぐらいからだろうな。

内田　同調が必要だという社会理論が登場したのは幕末からじゃないかな。基本的な政治単位は日本国であるべきで、藩ではないというアイディアはかなり新しいものです。幕末にさまざまな遊説家が日本中を歩き回ったのは、「日本国が基礎的政治単位であるべきだ」というアイディアを伝道するためです。

そもそも「藩」という言葉自体、江戸時代には一般人の語彙にはなかったそうです。学者だけが使う言葉だった。それが幕末になって、遊説家たちが、諸君の言う「国」は実は「国」ではなくて「藩」なのである。日本という「国」の一構成単位に過ぎないという「国」概念の改鋳を企てた。

彼らの努力のおかげで276の藩を全部合わせた一つのまとまりとしての「日本国」というものは、概念としては理解されたかもしれませんけれど、それが実感としてどういうものかは当の遊説家たちも実は知らなかった。「日本国」という概念が受肉したのは池田先生がおっしゃるとおり明治の半ばぐらいからでしょうね。

池田 明治維新という革命が起きたんだけれど、世界的に見ると幕藩体制は維持できなかったことは明らかだから、国民国家になったのは言ってみれば流れとしてしょうがなかった。だけど、その後、国民国家にするにしても、どんなふうなコンセプトで国をつくるかというところで日本は誤ったよね。

内田 日本は自生的に国民国家になったわけじゃありませんからね。ふつうは人種、言語、宗教、生活文化の同質性の高い集団が政治単位としての国民国家というものを構成するわけですけれども、日本の場合はそんなのんびりしたプロセスを踏んでいない。黒船が来たので、このままでは日本列島が植民地化されてしまうという恐怖に駆動されて、急いで国民国家を作るしかないという話になった。同質性に基づいて自然にできた国家じゃなくて、状況に強いられて無理やり作った国民国家なんです。

19世紀にヨーロッパはだいたい全部が国民国家になったわけですけど、それまでいくつかの王国や公国に分かれていたドイツやイタリアが単一の国民国家を作った最大の理由は、そうしないと隣国との戦争に敗けると思ったからです。

国民国家は戦争に強い。これはナポレオン戦争以来の歴史的教訓です。ナポレオン軍はヨーロッパの皇帝王侯たちの軍を撃破しましたけれど、それは旧来の軍隊が王侯に金で雇われた傭兵を主力にしていたのに対して、ナポレオン軍は義勇兵から形成されていたからです。フランス革命の大義を全ヨーロッパに伝道するための戦争ですから、市民が銃を取っただけでなく、銃後の政治家も、資本家も、ジャーナリストも、芸術家も、みんなが戦争を応援した。「総力戦」というものが可能になったのは国民国家が戦争主体になってからです。それまでは王様が隣国と戦争していても、一般国民はその横でふだんどおりに商売をやったり、畑を耕したりしていた。でも、そういう国は総力戦を仕掛けてくるフランスに歯が立たなかった。その経験が「戦争に勝つためには国民国家じゃなくちゃダメだ」という教訓をもたらした。

だから、19世紀にヨーロッパのすべての国がかなり無理をしてでも国民国家を形成したのは

「戦争に敗けないため」だったんです。他国に侵略されないためには、とりあえず同質性の高そうな人間たちを集めて「今日から君たちは同じ国の国民だ。運命共同体だ」と言いきかせるしかない。

日本が急いで国民国家を作ったのも理屈はドイツやイタリアと同じだと思います。「戦争に敗けない国づくり」という切羽詰まった事情だった。それから何十年かして、ドイツ、イタリア、日本がどこもファシズム国家になって三国同盟を形成するのは、そのときの無理が祟《たた》ったんだと思います。十分な国民的統合が果たせないままに国民国家を作ってしまったものだから、天皇制イデオロギーをあわてて整備したり、「日本主義」とか「大和魂」のような幻想を無理に押し付けたりしなければいけなくなった。時間をかけて自生的にできた国民国家だったら、そんなイデオロギー的な仕掛けがなくても、自然な同胞意識で結ばれていたかもしれない。

だから、近代国民国家としての日本にはどこか無理があるような気がしますね。明治維新以来、とにかく富国強兵・殖産興業が最優先の国家目標だった。そうしないと植民地化されるという恐怖に駆動された国家目標ですから、ある程度近代化が進み、軍備が整って、朝鮮や中国のような隣国よりも相対的に強国になったら、今度は朝鮮や中国に「植民地化される恐怖」を感じさせること以外に力の使い方を思いつかなかった。アメリカの黒船にされたと同じことを朝鮮相手に江華島（江華島事件、1875年）でやったりしたのは、まさにそうですよね。

国際社会に対して訴えるメッセージも特になかった。それはドイツも同じですね。隣国よりも自分たちのほうが強くて優秀だということを証明する以外に国家目標を見つけられなかった。後発国民国家の悲哀です。

だから、国民を使いやすい兵隊、従順な臣民として標準化することにはずいぶん習熟した。明治維新以来150年で日本が「世界に冠絶する」と言えるのは、国民を同質化するシステムを完成させたことだけでしょうね。

経済力を国力の指標にしたことで近視眼に

内田　同質化の高い国民が1940年代までは戦争に専念し、戦後は経済活動に専念した。戦前は戦争に強くなること、戦後は金持ちになることを目指した。それが国家目標だった。でも、軍事力にしても、経済力にしても、国力を測定する「ものさし」としてシンプルに過ぎたと思います。国力を図る基準がそんなに薄っぺらなものでいいわけがない。

それはドイツもイタリアも似ているような気がします。軍事力と経済力を指標にして国づくりをすると、それ以外の分野での創造活動が衰えるということはないんでしょうか。

池田　戦争をやってるときは駄目だよね。イタリアなんかその前にいろいろ技術とかがすごかった時代があったけれど。

日本も結局、戦後、経済、経済で、文化的に何かすごいものをつくったかっていうと、ほとんどつくってない。というか、国は文化に財を注ぎ込むつもりがまったくなかった。

経済じゃ駄目だっていう理由は、結局お金を稼ぐっていう目的だけに多くのエリートが収斂《しゅうれん》しちゃうからであって、そうすると国家戦略とか10年先とか20年先とかを言うやつは、あほだと思われちゃうわけだよ。「おまえは夢見てんじゃゃねえ」とか「くだらないことを言ってるんじゃないよ、そんなことより今どうするかが一番問題だろう」っていう話になるわけ。

「ここ2、3年の間に立て直さなきゃ会社がつぶれちゃうんだから、それをどうするかが一番の目的だ」ということになってしまう。

結局、小泉・竹中改革が一番失敗したのは、すべての経済人にそういうふうに思い込ませちゃったことだよ。彼らはみんな、とにかく2、3年のうちで一番株が上がって、会社が黒字になるにはどうしたらいいかって考えた。手っ取り早いのはリストラだって結論になったわけだ。

それでリストラすれば何が起こるかというと、一つの企業だったらいいけど、日本国中が同じようなことをやれば、合成の誤謬《ごびゅう》という話で、最終的に消費者の購買力がなくなって景気は絶対悪くなる。そんなことはちょっと賢い人だったらわかりそうなものなんだけど、それを頭から外して、とりあえず「それはそうだけど、来年うちの会社がつぶれたら困るから」っていう考えだけに走っちゃったわけでしょ。

それを制御するのは国なんだよ。個々の企業ではできっこないんだから、国はそれを制御するために、例えば正社員の比率を法律で決めるとか、何かやりようがあったはずでしょう。

内田 なるほど。

池田 そうすれば、あんな悲惨なことにならなかった。雇用形態を、バイトの人数は雇用している従業員の例えば20％以下に抑えなさいとか、正社員をなるべく担保するみたいなことをするとか、内部留保を社員の給与に回るように政策的に誘導するとかすれば、こんなに悲惨にならなかったと思うよ。その頃大学を出た人たちは、本当に就職できなくてかわいそうだった。

貧乏くさくなった経済人のマインド

内田 就職氷河期の2005年頃は100社受けて全部落ちるとかって結構よく聞きました。今、40歳代前半ぐらいの人たちですね。

池田 今そういう年代の人を雇用するとか言ってるけど、なかなか難しいよ。日本の一つの悪弊として、新卒のやつだけをまとめて採るから。

内田 新卒一括採用という制度は本当によくないですね。求人に対して圧倒的に求職者が多い状態にしておいて、「椅子取りゲーム」をさせるわけですから。雇用する側からしてみたら、選《よ》り取り見取りで、いくらでも雇用条件を下げられる。「お前の替えなんかいくらでもいるんだよ」と資本家の側が言えるようにわざわざそういう制度を作り込んでいるんです。あれはほんとうによくない。

池田 あれも一つの最低の日本の制度。

内田 子どもの数が減り出してから、求職者が地方にばらけることを阻止するために、「新卒一括採用以外にはまともに就職できない」というシステムが徹底的になりましたね。リクルートのような企業が就職情報を独占していて、そこにアクセスしない限り就職情報が得られない。そして、就職情報が得られるのは都市部の上場企業ばかりで、地方のミクロな求人に学生たちは制度的にアクセスできない。

地方の求人って、ほんとうに1人とか2人とかなんです。サプライチェーンも顧客も安定していて、事業そのものは黒字なんだけれど、後継者がいないので廃業するという老舗の企業が地方には何万とあるわけですけれども、そういうところからの求人情報は学生たちに伝わることがない。

たしかにハローワークに行けば、地方の求人情報は見られますけれど、そこで得られる情報は、業種とか給与とかだけですから、その企業がその地域でどんなポジションを占めているのかとか、どれほど後継者を人々が必要としているかとか、そもそもどういう街の、どんな雰囲気の職場で、どんな人が経営しているのか、そういう本当に大事な情報は得られない。

地方のミクロな求人情報に都市部の学生たちがアクセスできるようにするシステムを組むとなんか簡単なんですよ。求職者が「海が見える街で、作務衣《さむえ》を着て、師匠について和菓子作りを修業したい」みたいなアバウトな条件で検索しても、ちゃんと求人情報が出てくるようにすることなんか簡単にできるはずなんです。

でも、大企業の経営者たちは絶対にそういうシステムを作らせない。何十万人もの新卒者を狭い求職市場に追い込んで、競争させて、ばたばた落として、自己評価を下げさせて、「採用してもらえるなら、どんなひどい雇用条件でもいい」という気分にさせることで受益しているわけですから。

池田　僕が早稲田に行ったのが2004年でそのあたりが一番ひどかった。本当にみんな血眼で就職探してたね。

2015年ぐらいからかなり改善されてきたと思うけど、2004~06年あたりが一番ひどかったんじゃないかな。

僕が退職した2018年頃は割に今度はどこでも入れるっていうような状況になったけど。野村證券に内定した学生が、行ってみたら俺に合わないとかいって辞めちゃってみんながびっくりしたけど、結局、彼はベンチャーみたいなところに行った。そういうふうな選択の余地があったね。

内田　就職しやすくなったのは子どもの数が減ったからですよね。

池田　子どもの数が減ったのと、早稲田ぐらいの大学だと卒業生を欲しい企業がいっぱいあったので、割に結構いいところにみんな入ってた。

内田　90年代の就職状況を知るには織田裕二主演の映画『就職戦線異状なし』を観るといいです。10月1日になると内定者をホテルに集めて、他の企業に行かないよう缶詰にするエピソードが出てきます。人が欲しくて仕方がなかった時期でしたね。

池田　そういう時代だった。よく電話かかってきたよ。山梨大学にいた頃に山梨大学の教え子から「先生、お願いだから、誰でもいいから紹介してください」って。

内田　それがわずか10年間で手のひら返したわけです。これって、経済的な環境が変わったんじゃなくて、経営者のマインドが変わったせいだと思うんです。自前で人を育てる気がなくなって、人件費コストを最小化することに必死になった。必要な人材はそのつどどこかから転職させて連れてくる。要らなくなったら追い出す。そういう人事戦略になった。

池田　バブルが崩壊したのは93年で、就職氷河期はその10年後だけど、バブルが崩壊した頃はまだ就職は問題なく良かったから。

内田　その後だって2010年に中国に抜かれるまではバブル崩壊と言いながらも世界第2位の経済大国だったわけです。でも、急に人々のマインドが「貧乏くさく」なった。「貧乏」と「貧乏くさい」は違います。「貧乏」は単なる経済的条件のことだけれど、「貧乏くさい」は気分ですから。いくらお金があっても「貧乏くさい」ということはある。日本は90年代の終わりくらいから、急激に「貧乏くさく」なった。

高度成長期までは企業経営者には「地元の雇用を増やす」、「税金を納めて国庫を潤す」という国民経済的な健気な気持ちが多少はあったと思うんです。少なくとも僕が記憶している限りでは、戦後20年くらいまでは、生産性を上げることよりも雇用を増やすことのほうが優先していた。雇用を創出することを通じて、国全体としての「完全雇用」を達成するという目標をどの企業も掲げていた。生産性を上げて、人件費カットを最優先するというようなことを公言する経営者は見たことがないです。日本国民全員が「食える」ようにすることが経済活動の目標だとその頃の経営者たちは思っていた。

そういうマインドが今はもうなくなりましたね。自分の個人資産を増やすことには熱心だけれど、雇用を創出するとか、国庫に税金を納めるとか、地元に図書館や美術館を寄付するとか、大学や病院を建てるとか、そういうことをする経営者がいなくなった。変わったのは経済システムじゃなくて、経営者の頭の中なんですよ。金持ちになるにつれて「貧乏くさく」なった。

池田　さっきも言ったように、とにかく短期的にもうけることだけを考えて、日本全体がどうなるかを誰も考えなくなった。ひどい話だよ。

自分探しをする若者が増えたのはなぜか

池田　いつからか、若者が「自分探し」をするとよく言うようになりましたね。あれは自己主張は大切だという欧米の考え方が妙な形で誤解された結果かしら。

内田　「子どもたちの自分探しを支援する」という文字列が登場したのは1997年の中教審答申の中です。子どもたちに向かって「自分探し」をしろと言い出したのは教育行政なんです。政官財の要請として「自分探し」が子どもたちに命じられた。

もともと日本語には英語の「アイデンティティー」に相当する言葉がありません。「自己同一性」という訳語を当ててはいますけれど、こんな訳語には全然実感の裏づけがない。

そもそも、日本のみならず東アジアでは「自己同一性を確立する」ということが教育の目標になったことなんかないんです。東アジア的な「修行」というのは、成熟することで連続的な自己刷新を遂げることであって、「ほんとうの自分」に出会うことなんかじゃない。逆なんです。「我執を去ること」が目的なんです。我を捨てて、ただの「器」になる。超越的なものの

「通り道」になる。

「呉下《ごか》の阿蒙《あもう》」(無学な人のたとえ)の逸話が教えるように、人間が成長するというのは「三日会わざれば刮目《かつもく》して相待《あいたい》すべし」というくらいに別人になることなんです。3日経つと別人になるような連続的な自己刷新を人間の成長とみなす文化圏に「アイデンティティー」なんて概念の居場所があるわけがない。

もともと「我を捨てろ」と教えられてきた文化圏に、「ほんとうの自分に出会え」という欧米のイデオロギーが入ってきた。だから、バッティングして当然なんです。若い人たちが混乱しているのは、上から求められている「アイデンティティーの確立」ということと、自分が何となく感じている「人間的成長」の間に齟齬《そご》があるからなんです。

池田　メタレベルの自分があって、それが自我なんだよね。それでリアルな自分を見てるから、リアルな自分がふがいないからっていうんで、「本当の自分」とか言いだすんだよ。世間が思ってる自分が本当の自分なんだよ。

内田　そのとおりです。自己評価より外部評価のほうが客観性が高い。世間がこういう人だと思ってるあなたがあなたです。

池田　そうそう。そんなことが嫌だから、「本当の自分はこんな自分じゃない。世間が思ってるのは偽りの自分で、自分はもっとすごい存在だ」っていうふうなことを思うんだろうね。

内田　「オレは本気出したらこんなもんじゃない」というふうな思い方をしますね。「本気を出したときの自分」が本当の自分だって。まだ一度も本気になったことがないけど。

池田　一生懸命努力して世間の評価を上げるようにしなければ、自分が思ってるような本当の自分にはならないんだけど、結局、何をするかっていうと、スピリチュアルとか変なものに凝って、「他の人が知らない真理を私が知ってる」っていうところで、「本当の自分」が実現していっちゃうんだ。

内田　なるほど、自分探しがいつの間にかスピリチュアルに行っちゃうんですか。

池田　スピリチュアルに行っちゃう。

内田　それは初めて聞きました。

池田　それで新興宗教に凝ったりとか、そういうことを始めるわけ。

内田　言われてみるとたしかにそんな気がします。

池田　オウム真理教なんかに入ったやつは絶対そうだよ。

内田　本当の自分を求めて、「本当の自分の名前」のマントラを尊師から頂く。「誰にも言うなよ、おまえの本当の名前はこれこれだ」って。

池田　そうすると自分だけが世界の真実を知ってるみたいな陶酔感に酔えるから。

内田　僕にはその「本当の自分」というのがよくわからないんです。僕は基本的に外部評価に従うから（笑）。「本当の自分」がどこかにいるとか思ったことないから。

池田　僕も思ったことないよ。本当の自分は今ここにいる自分なんだから。

内田　僕の人生の転換点は25歳のときなんですけれど、それは級友から「内田って本当に嫌なやつだな」ってしみじみ言われたからなんです（笑）。そうか、世間からはそう思われているのか。だったら生き方を改めないとまずいな、と、そう真剣に思った。そこで師匠について修行して、性根を叩き直してもらおうと思って武道を始めたんです。「自分探し」じゃなくて、「別人になろう」と決意したんです。でも、東アジアの伝統的な修行ってそういうものですよね。

誰も考えない「日本の行く末」

池田　まあ、「古き良き日本人の心」なんて言うけど、「そもそもの日本人」なんてものは別にあったわけじゃないけどな。

日本は身分制だったから士農工商に分かれてて、商人や農民と武士では、もともとマインドが全然違う。だから日本人というものがどうだったかなんていうようなことは、どこを見るかによって違うよね。

農民なんていうのは非常に狭い共同体でやってたから、当然未来のことなんか考えてないし、日本がどうなるかなんて誰も考えてない。江戸時代なんかは、狭い共同体の農民の間での同調圧力は強かったでしょう。人となるべく同じことをして村八分にされないようにしてとか、そういうことを思ってたわけで。

商人はとにかく金をもうけることしか考えてなかったと思う。

武士の一部だけが、本当に将来の日本のことを考えてたんだと思う。これはエリート中のエリートだよな。普通の武家はお家取りつぶしがないように、江戸幕府に逆らわないようにご機嫌を伺うことしか考えてなかったはずだから。

結局「日本人のマインド」なんていうようになったのは、本当に最近の話でしょ。それも国民国家になって国が強制して富国強兵をやって、その頃からちょうちん行列なんてものを始めるようになったんだよな。それまでは別に日本が勝った負けたなんて国民はどうでもよかったんだけど、日清戦争とか日露戦争とかは勝った勝ったって大騒ぎしたとか、それから太平洋戦争を始めたときも、普通の国民は絶対に勝つから頑張れみたいなことを言われてやってたわけでしょ。

そのときに日本がどうなるかなんてことを考えてたやつって、いたはいたけれどごく上のほうのエリートしかいなかったわけでしょ。

戦後、一番てっぺんの政権に絡むようなやつで日本の行く末を心配するやつがだんだんいなくなってきちゃった。日本の行く末を心配してるような人は政権から遠ざけられた。今だったらパヨクとか左翼とかいわれるような、政権にとってあいつはいないほうがいいと言われるようなやつしか日本の行く末については考えてなかったわけだ。

政権に直接絡んでるような人で、日本が最終的にどういうふうな国家体制で、どういうふうに世界と張り合うかなんてことを考えてる人はほとんどいなかった。

在日米軍基地撤退が日本の転機となるか

池田　そのシステムが長く続いてたので、誰も変えようとしないし誰も変えられなくなっちゃってる。

最初にも話したけど、とにかく日本がアメリカの本当に隷属国になってるから、円はどんどん安くなってて、政策的に上げたり下げたりするふうなことだけで、国力がどういうことか誰も考えてない。

軍備だって結局アメリカにおんぶに抱っこで、今アメリカに盛んにせっつかれて増強しろとか言われているけど、日本は今さらアメリカのポンコツの武器を買ったところで、戦争を始めたって勝てるってもんじゃないと思うんだよね。

僕がこういうこと言っちゃなんだけど、安保条約を廃棄すれば、日本は自分で国防をせざるを得なくなるから、それなりのやり方を考えるかもしれない。

今例えば憲法改正して徴兵制にしたって、アメリカの言ってみれば弾よけになるぐらいにしかならないよ。国としての誇りとか何もなくなっちゃってるわけだから。

安保条約廃棄しろなんて言ってるやつは、今、日本の政党にはないんじゃないの？　れいわとか他の弱小政党はわからないけど、自民党とか公明党とかメジャーな政党で安保条約反対とか、アメリカと手を切れとか、日本は独立しようって言ってるやつはいないよね。

内田　共産党はそう言ってるんじゃないんですか。

池田　共産党はしょっちゅう言ってるけど、それは言っているだけで、それに代わるどんな国家システムをつくるかということは真面目に考えているとは思えない。

内田　アメリカには「在外米軍基地は撤収しろ。自分の国は自分で守らせろ」と言っている人はけっこうたくさんいますよ。相互防衛条約を維持する軍事費の負担に耐える経済力がアメリカにはもうありませんから。これはリバタリアンとしては当然の主張だと思うんです。

リバタリアンは「徴兵に応じない」と「納税しない」というのが基本なんです。自分の命は自分で守る。軍隊であれ警察であれ、公的機関には守ってもらわなくていい。だから、銃を手離さない。「税金を納めない」というのも理由は同じです。仮に自分が将来ホームレスになって、飢え死にしかけても、政府や自治体の施しは受けない。その代わり税金は払わない。社会福祉制度も要らない、国民皆保険制度も要らない。それがリバタリアンです。ドナルド・トランプはリバタリアンですから、あんなに健康なのに病気だと偽って徴兵を5回逃れましたし、前の大統領選挙のときには、大富豪なのに連邦税を750ドルしか払っていないことを「ニューヨークタイムズ」に暴露されたときも「オレはスマートだからな」と言って支持者の喝采を浴びました。

そういうリバタリアンから見ると、日本ってまさに「非リバタリアン」的な国なわけです。自分たちの国を自力で守る気概がないんですから。「お金はいくらでも払うから、どうか助けてください」ってアメリカにすがりついている。でも、アメリカで「相互防衛条約なんかやめちまえ」という人たちは、別に銭金のことを言っているだけじゃなくて、そういう「自分の身を自分で守れない国」を軽蔑しているんです。

池田　ははは。僕は日本で一番過激なリバタリアンだと自称しているけど、僕のリバタリアニズムはトランプのそれとは違うんです。『正しく生きるとはどういうことか』（新潮社　1998年）に僕流のリバタリアニズムの思想を書きましたが、「人は他人への恣意性《しい》の権利を侵害しない限り、何をしても自由である。ただし、恣意性の権利は能動的なものに限られる」。これが私流のリバタリアニズムの原則です。

恣意性の権利というのは、人に迷惑とかかけなければ、何をするのも自由であるという権利だが、これは能動的なものに限られるというところがキモであって、人は他人を愛する権利はあっても愛される権利はない。誰かに守ってもらう権利もないのだ。こういうところはトランプ流のリバタリアニズムと共通している。自助努力もしないで、いざとなったらアメリカに守ってもらおうなどというのは見下げた精神だというのはよくわかる。

ただし、私流のリバタリアニズムの基底の公準は「人はすべて自由で平等だ」というもので、平等を担保しないで、自由だけ強調するのは間違っている。大金持ちの家に生まれた子と極貧の家に生まれた子が、ヨーイドンで競争しろと言われてもね。生まれつきの格差を平準化する装置がないリバタリアニズムは、格差拡大思想であって、正しいリバタリアニズムではない、というのが僕の考えです。

一番過激なのは、相続を一切認めないで死んだ人の財産を生まれてきた子に再配分してしまうことだが、これに賛成する人はほとんどいないだろうけれどね。しかし、こうすれば、スタート時点で資産に関してはすべて平等なので、その後はトランプ流のリバタリアニズムでもほぼOKなのだ。まあ現在生きている普通の人の感性からははるかに遠いので、実行可能性は今のところまったくないと思うけどね。それでも、自己責任・自助努力というリバタリアニズムの原則に近づくためには多少の資産の平準化は絶対に必要で、ベーシックインカムはそのための装置と考えることもできる。

しかし、多くの日本人はトランプ流のリバタリアニズムとも私流のリバタリアニズムともまったく無縁な世界に生きていることはよくわかるよ。自助努力という根性がまったくない。

内田　日本人にはアメリカから独立しようという気概がない。ベトナムだってアメリカ相手に戦争して勝ちましたし、フィリピンは憲法を改正して「国内に外国軍が駐留すること」を違憲にして、米軍をスービック、クラーク基地から追い出した。韓国も在韓米軍基地を縮小させたし、戦時作戦統制権の移管を交渉中です。日本だけがアメリカに一言の要求も告げずに、言われるままになっている。日本にある米軍基地はもうアメリカの海外領土ですよ。だから、トランプだって来日するときに横田基地に着陸して、そのままパスポートコントロールなしに入国しているでしょう。日本の米軍基地は治外法権の海外領土なんです。

アメリカからすると在日米軍基地は手放すには惜しい資産ですけれども、日本列島にあまり多く軍を配備していると、中国と日本の間の偶発的な軍事衝突に巻き込まれるリスクがある。オバマ大統領は「もう世界の警察官の仕事はしない」と宣言しましたね。そして、西太平洋の米軍をグアム／テニアンの線まで下げようとした。「沖縄基地をグアムに移す」というオバマの発言を当時ＮＨＫが訳し落としたという事件がありました。アメリカは在日米軍を撤収したいのだけれど、日本政府はいてほしい。その日米の温度差をあらわにした事件でした。

でも、アジアに展開している在米兵力を太平洋の真ん中くらいまで撤収するというアイデアは意味があると思うんです。アメリカはとにかく米中の全面戦争だけは避けたい。通常兵器での戦争なら勝てるでしょうが、ＡＩ軍拡では中国にアドバンテージがある。今のままの軍備では、中国と戦ったら「敗ける」というシミュレーションをアメリカのシンクタンクはしていますし、統合参謀本部議長もこのままでは「量的・質的な競争優位を失う」と警告しています。

人民解放軍は中越戦争（１９７９年、１９８４年には中越国境紛争も起こる）から後は40年以上実戦経験がありませんから、ほんとうのところ、どれほど強いのかわからない。でも、装備は世界最高レベルです。だから、アメリカとしては偶発的な戦争は避けたい。仮に日中の間で軍事的衝突があったときに、日本に米軍基地があると、米国市民が死傷するリスクがある。米国市民が人民解放軍に殺されたら、アメリカとしては宣戦布告するしかない。在日米軍基地を中国が攻撃したら、米中戦争になる。そのような事態は避けたい。

そういう事態を避けるために一番いいのは日中で戦闘が始まっても米国市民が誰も死なないようにすることです。それならアメリカは「静観」するにせよ「仲裁」するにせよ、フリーハンドを維持できる。日中が通常兵器だけでロシアとウクライナみたいな感じで戦争をしてくれると、アメリカは日本にじゃんじゃん武器を売って、日本が負担するコストで中国を「削る」ことができる。アメリカにしたらそれほど悪い話ではありません。

池田　習近平は何を考えているかわからないけど、敵国条項（第二次世界大戦で連合国の敵であった枢軸国を規制する国連憲章）は死文化していると日本は主張しているようだが、削除されているわけではないので、適当な口実をつくって日本を攻撃することができる。だから中国が挑発しても、なるべくおとなしくしているほうがいい。それでも偶発的な軍事衝突が起きた場合は、そのときのアメリカとの関係を見ながら、アド・ホック（一時しのぎ）に考えるしかない。兵器を買って戦争してもしょうがないよ。

内田　トランプが大統領になったら、そういうシナリオもありだと思います。日米安保条約廃止を「ブラフ」で仕掛けてくる。日本が「やめないで」とすがりついてきたら、思い切り「みかじめ料」をふっかけることができるし、実際に廃棄すれば米中戦争のリスクを回避できる。アメリカにしたら、どちらに転んでも損はないんです。

中国人に日本の土地を買い占めてもらうのも安全保障上悪くない

池田　トランプはいざとなったら引き揚げちゃうよね、日本が結局アメリカにすがるという状況になれば、その代償として、よっぽど金払わなきゃならないから大変だと思う。

ただ、中国が日本を占領してもあんまりいいことないよ、今は。だって日本には資源も何もないんだから。労働者だってあんまり働かないし。

内田　日本を軍事占領して、直接統治するということはしないと思うんです。辺境の属国として、一国二制度で高度の自治を許すという仕方で間接統治する。ただし、日本の持ってるリソースは洗いざらい持っていくでしょうけれど。

池田　持っていくことはあり得る。日本のリソースといったって、水とかそんな大したものはないけど。

内田　リゾートとしての価値はあるんじゃないですか（笑）。中国人富裕層の心休まるリゾートとして。

池田　それはあるかもね。

内田　アメリカの政治学者が「日本は東洋のスイスになれ」というアドバイスをしていましたね。世界の富裕層のためのリゾートになって、日本人はそこのホテルやレストランで従業員として金持ちの外国人に仕えて生きたらどうか、と。

池田　原発が2，3個ぶっ飛んじゃうとリゾートもできなくなっちゃうかもしれないけど。

内田　地震や津波で原発事故が起きたら、「東洋のスイス」もダメですか。

池田　そういうことを考えると、あんまり日本にいい未来はないかな。貧乏でも自給自足で穏やかに生きたほうがいいよ。

内田　中国人富裕層は日本に資産を持っていますよね。中国だといつ資産が没収されるかわからないから、財産保全のために日本に投資している人たちがいる。この人たちにしたら、日中の軍事的緊張が高まって、日本に所有している自分たちの個人資産の価値が目減りすると困る。こういう人たちが、中国共産党に対して「日本と事を構えるのはやめてください」と間接的にお願いしてくれるかもしれない。中国共産党の幹部だって、別名義で日本にタワーマンションとか持っているかもしれないし。

池田　200億円って言ってたよ、今度どこかにできたタワーマンションの最上階の部屋。中国人が買ってるかもしれない。

内田　中国の有力者たちが日本に個人資産を移してくるというのは、日本の安全保障を考えると、悪い話じゃないですよね。

池田　そうなんだよ。本当に日中戦争になったら、中国人の資産は凍結するでしょ、日本だって頭に来るから。だから日本と戦争するのは、日本に資産を持っている中国の富裕層にとっては悪夢だよ。

アメリカだって日米戦争の直前の1941年7月に日本人の在米資産を完全凍結したんだから。それから同年8月に日本には石油を売らないと言いだして、それで日本はにっちもさっちもいかなくなっちゃった。8割5分ぐらいアメリカからの輸入の石油に頼っていたから。

当時の石油の年当たりの生産力を日本とアメリカと比較すると、国内石油生産量は７９６倍。すごいよ。そんなんでよく戦争したと思うよ。

日本は合理的なこと考えないでそんなことを始めることがあるから、今度だって中国が戦争しかけてきたら、日本人は何するかわからないよ。

内田　石油がなかったら、船も飛行機も動かせない。石油がなければ、戦争なんかできないじゃないですか。

池田　戦争できないのに戦争しちゃうところが日本のすごいところで、今度だってどう考えても非合理的なことでも始めるかもしれない。

内田　この間、凱風館に中国の方たちが団体でいらしたんです。どういう団体なのか訊いたら「起業して成功して、もう一生遊んで暮らせるだけのお金がある方たち」ということでした。その人たちがいったい日本に何を求めて来たかと言うと、なんと「宗教と哲学」を求めてなんだそうです。お金はもう十分手に入れた。すると次は文化的なものに対する渇望が生まれた。でも、今の中国には宗教や哲学がない。だから、宗教と哲学を求めて日本に来たんだそうです。たしかに儒教も道教も仏教も文化大革命の時代に壊滅的に弾圧されましたから、もう寺院も道院も古いものは残っていない。そのあと再建されたとしても、コンクリートのレプリカですからね。でも、日本に来ると千年以上も前の本物のお寺が残っているでしょう。それを見ると彼らは「懐かしさ」を感じるらしい。

凱風館に来たのは、武道の哲学について僕から話を聴きたいということだったんですけれど、ここに来る前はどこに行かれてたんですかと訊いたら、高野山だって（笑）。高野山で真言密教のレクチャーを聴いた翌日に凱風館で武道哲学って、コーディネイトとしてどうかと思うんですけれども、むしろこのランダムさのうちに今の中国人の知的欲求のありかが示されているのかもしれないと思いました。

箱根の温泉宿にも中国人の観光客がいっぱい来ているんですけれど、これもただ円安で安いからだけじゃないと思う。だって和風旅館だと、床の間に南宋《なんそう》の山水画が掛かっていたり、杜《と》甫《ほ》や李白の詩が書いてあったりするでしょう。彼らは「あら、ここに昔の中国がある！」と思う。日本に来るのは「昔懐かしい中国」を見つける旅でもあるみたいです。

池田　中国って今、簡体字だから普通の漢字を読めない人が多いね。台湾は繁体字で、日本でいう旧字体で難しい字を使っている。昔、かみさんと台北に遊びに行ったときに難しい字があって、「こういう字？」とかみさんが書いたら、向こうの人に「すごい！　この人、こんな難しい漢字を知ってるよ」と言われたことがあった。台湾にはまだ中国の古い文化が残っている。中国は毛沢東時代になって仏教などの宗教を弾圧して、今はキリスト教を弾圧してるでしょ。なんでキリスト教を弾圧してるかというと、中国共産党は一神教だからだよ、単純に言うと。

だから他の一神教を弾圧する。

内田　中国共産党は一神教なんですね、なるほど。

池田　どう考えても一神教ですよ。だから他の一神教を弾圧しないといけない。中国では今、キリスト教が結構どんどん広がっているけれど、何だかんだといって教会を壊したりしてるでしょ。

日本も仏教国からイスラム教国となるか

池田　日本はキリスト教徒が1%ぐらいしかいないんだから、すごい特殊な国です。フィリピンはほとんどキリスト教徒になったし、韓国だって半分ぐらいキリスト教でしょう。

内田　30%弱くらいです。それでもすごい数ですよ。日本ではキリスト教信者の数は人口の1%の壁があって、それをどうしても超えられないんですから。信者は100万人しかいないのに、教会があるし、ミッションスクールもある。結婚式もだいたいチャペルでやりますしね。

池田　欧米でも、実際に教会に行く人はだんだん減ってるようです。

だから実質的には無宗教の人が増えてるわけで、そういうふうなこととLGBTを容認するみたいなことはパラレルになっています。でも、イスラムはそうじゃない。

ただ、もう少しするとイスラム教徒の数がキリスト教徒を超えて、第一の世界宗教はイスラム教になるでしょう。宗教は一番大きくなると教義がある程度丸くなってくるんです。だからあと100年もたつと、イスラム教がLGBTを容認するという話になってくるかもしれない。イスラムがイベリア半島を占拠していたとき、キリスト教徒とイスラムのどっちが寛容だったかっていうと、イスラムのほうが断然寛容だった。

キリスト教はものすごく非寛容で、自分たちに反するやつは全部弾圧したんだ。イスラムはキリスト教徒がイスラムの教会（モスク）を壊したりめちゃくちゃなことをやったりすると、一応支配してたから捕まえなきゃいけないけど、キリスト教会に「俺たちも公然と反抗されると捕まえて処刑せざるを得ない。しかし、処刑なんかしたくないから、おまえたちでこの跳ね上がり分子をいさめて、あまりめちゃくちゃなことしないようにさせてくれないか」と言ったんです。

公にむちゃくちゃなことをしなければ、俺たちは目をつぶってやるからっていうようなことをイスラムはキリスト教の教会に通達したんだから、イスラムは寛容だったんです、その当時は。イスラムはずっと大きな世界帝国だったから。

それに比べてキリスト教会はものすごく非寛容だった。すぐ火あぶりにしたりとかしてたわけでしょ。でも、だんだん大きくなってキリスト教も非寛容なことをやってられなくなったから、今は随分寛容になってきています。

だからイスラムは世界で一番のメジャーな宗教になって50年もすれば、もっと寛容になると思う。そうするとLGBTを認めるようになるよ。結局、歴史ってそういうふうにして移っていくんじゃないかと思う。

内田　オスマントルコも国内にユダヤ教、キリスト教、ゾロアスター教、コプト教……などどいろいろな宗教を含んでいましたから、イスラームは他宗教に寛容にならざるを得ないんです。異教徒だとよけいに人頭税を徴収されるのかな。差別って、それくらいなんです。国民国家は宗教的同質性が高いというのが成立の条件でしたけれど、帝国は違うんです。緩いんです。

池田　日本にイララム教徒がどんどん増えたら、仏教はどうなるかな？

江戸時代はお寺は戸籍を管理していたから仏教の役割も大きかったけど、今は仏教は宗教というよりも葬儀のための道具になっちゃったね。

ベーシックインカムで地方の過疎化、超高齢化社会は解決

池田　一応最低限のルールだけつくって、それさえ守っていればあんまり個別に干渉しないっていうのは、大きな国や宗教のやり方だね。アメリカ合衆国だって、いってみればちょっとそ

ういうところあるでしょ。州ごとにいろんな法律を決めても、合衆国は規制しない。

内田　アメリカは最初は13州でしたけれど、その後、「国（state)」を作った人たちが連邦議会に加盟申請をすると州になれるという仕方で形成された一種の契約国家です。自分たちのほうから「入れてくれ」と申請して連邦に加盟したわけですから、理屈の上では「出たい」と言えば脱盟することだってできるはずなんです。

南北戦争のとき、南部11州は脱盟して、アメリカ連合国（Confederate States of America）という国を作りましたね。リンカーン大統領は脱盟を認めなかったので、今でも「南部11州は脱盟していない。あれは合衆国国内の反乱である」という歴史理解ですけれども、「連邦には加盟はできるが脱盟はできない」というのは法理的に無理があると思うんです。自由意思で参加した連邦なんだから、自由意思で脱退できるというのが筋でしょう。合衆国憲法には州を作るときのルールは規定はあるけれど、連邦から抜ける規定は書かれていないんです。そんなことは実際には起こり得ないと憲法起草者は思ったんでしょうけれど、実際に起きた。

今実際にテキサスでは「テキサス州独立運動」が盛んですし、カリフォルニア州が独立したらどうかという話もあります。テキサスはもともと入植者たちがメキシコから戦争で領土を奪って建てた「テキサス共和国」が連邦に加盟したものですし、カリフォルニアもメキシコ領だったところに入植者たちが「カリフォルニア共和国」を建てて、それが州になった。テキサスもカリフォルニアも、もとはアメリカ合衆国とは別の国なんです。

僕らは「州」という訳語で、日本の「県」みたいな行政区を連想しますけれど、State は誰が何といっても「国」です。テキサスが独立すると人口3000万人、GDPは世界9位。カリフォルニア州が独立すると、こちらは人口3900万人、GDPは世界5位。それを試算する人がいるくらいですから、連邦が分裂するというシナリオはまったく荒唐無稽《こうとうむけい》な話じゃないと思います。

今年の秋に公開される『内戦（Civil War）』というハリウッド映画があるんですけど、これはアメリカで内戦が始まるという話なんです。カリフォルニア州とテキサス州が同盟して、他の州と戦うっていう話らしい（笑）。でも「内戦」という単語は今のアメリカの政治的言説の中ではもうそれほど珍しくなくなっている。

バーバラ・F・ウォルターという政治学者が『アメリカは内戦に向かうのか』（東洋経済新報社）という本を書いています。ウォルター本人は、かなりリアルに内戦の切迫さを感じているみたいでした。そこまで国民的分断が進んでいる。

今のアメリカの「青い州」と「赤い州」と「どっちつかずの州（スイング・ステート）」の三分類って、南北戦争前の「奴隷制度が禁止されている州」と「奴隷制度が許されている州」と「奴隷制度があるけれど合衆国に残った境界州」の三分類となんだか似ているように見えます。

国民的分断の境界線は160年前とあまり変わっていない。
もちろん分裂したら、アメリカ合衆国の国力は一気に半分になって、もうグローバルリーダーシップを執れなくなるんですけれども、それで内戦のリスクが避けられるなら、いっそ「別れた」ほうがいいかもしれない。
もし11月の大統領選挙でトランプが落選した場合、必ず「選挙を盗まれた」と言い出します。今度は2021年1月6日の連邦議会襲撃とは桁違いのスケールで、全土で同時多発的に銃撃戦が起きる可能性がある。

池田　内戦を実際にやるかどうかはわからないけど、分裂すればいいと思う。
結局、一番帝国に遠いのは中国だよな。中国は本当に分断したりとか、新疆ウイグル自治区やチベット自治区にしても内モンゴルにしても絶対に自分の範囲に入れて、それで同化しようとしているでしょ。同化政策をただひたすら取ってるわけだから、文化的な多様性っていうのを認めない国なんだよ、今の政権は。習近平が消えたら中国もどうなるかわからないけど。

内田　鄧小平《とうしょうへい》の頃は、新疆ウイグル自治区では、宗教にしても、言語にしても、民族文化を守ってよろしいという一国二制度方針を採用していたんです。国内のイスラーム教徒を、西域からトルコに続く「スンナ派チュルク族ベルト」を勢力圏にするための戦略的な足場にしようとしていたんです。ところが習近平になって一変した。辺境の「漢民族化」を進めて、イスラームの民族文化を潰しにかかりました。

池田　鄧小平の時代は随分と開放的だったんだよね。それで中国は随分経済発展したんだから。今の政権は経済発展っていうことでいうと、ちょっとブレーキがかかってるよな。

内田　そうですね、もう経済発展は止まった感じですね。

池田　やっぱりあまりにも締め付けがきついと駄目なんだよな。どんな国家戦略を描いてるのかな。

昔の例えば明《みん》なんかみたいに、一番強い帝国をつくって周りの国を従えて、それで自分たちが盟主になるみたいなことを夢想してるのかもしれないけど、なかなかそんなことも言えないな。中国は人口が多い割には資源があんまり多くないから、それが一番のネックだよ。

内田　中国のネックは人口問題なんです。もう人口増は止まりました。これから急激な人口減局面を迎えます。超少子化・高齢化の社会になります。

池田　日本みたいになってる。

内田　問題は高齢者の増加なんです。中国は1979年から2014年まで35年にわたって「一人っ子政策」を実施していましたから、人口構成が歪んでいるんです。家を継がせるために男児を産んで、女児を堕胎することが行われていたので、男性が多過ぎて、配偶者を得られずに高齢に達した男性が5500万人いる。この人たちは親が死ぬと妻も子も兄弟姉妹もいない天涯孤独の身になる。低学歴・低技能のせいで配偶者が得られなかった高齢者はアンダークラス化するリスクがある。もともと中国は個人の経済リスクは親族ネットワークがセーフティネットになって支えていたわけですけれども、この人たちにはもう「親族」というものがない。中国にはこういう貧民を支える社会福祉制度が整備されていません。この貧しい高齢者たちがアンダークラス化した場合、それは中国革命が失敗だったということになる。

池田　習近平は、何を考えてるかわからない。あちこちにすごい高層マンションみたいな住宅を建てて、ほとんど誰も住んでないような幽霊タウンみたいになっているけど、あれは何のためにやっているのかよくわからない。

内田　ジャーナリストの斎藤淳子さんが中国から一時帰国されたんで高齢化対策についてお話をうかがったんです。高齢期シングルの人たちがアンダークラス化していった場合に、中国政府は何か対策があるんでしょうかって聞いたら、それとは直接関係ないかもしれないけど、最近SNSでよくヒットするキーワードが「安楽死」だって教えてくれました。なるほど、日本で経済学者の成田悠輔が「高齢者は集団自殺しろ」と言ってたのと発想は同じだなと思いました。社会保障システムが整備されていない国では「高齢者は早く死ね」ということが一番コストが安い対策ですからね。そこをめざして政府主導で世論形成が始まってる。

池田　中国は結局、都市と田舎が分断されてるわけです。ちょっと前までは都市に来るためにはすごく面倒くさいことがあって、都市の永住権を取るだけでも結構大変だった。

内田　農村戸籍と都市戸籍が別ですからね。

池田　都会に来ても結局安く働かされて、気に食わなきゃ田舎に帰れっていう話になるから、国民が都市階級と農村階級に分断されている、それが中国。日本はそういうところはまだないけれども。

　カナダかなんかで安楽死の法案をだいぶ前に通したら、安楽死の数がどんどん増えている。だからこれから日本もそういう法案をきっと通そうとするやつが出てくるよ。

内田　出てきますね。

池田　出てくる。そうすると、「もうじいさん、安楽死したほうがいいんじゃないの?」とか、「苦しいんだったら安楽死したら?」とかいうふうになってきて、安楽死するのが国のためだっていう話になってくるぞ、そのうち。

内田　なりますね。維新なんか言い出しそうだ。

池田　維新はやりそう。

　年寄りは、例えば革命を起こそうとか暴動を起こそうという体力もないわけだよ。若いやつは、絶対このまま自分たちが餓死すると思ったら、とにかく何でもやるんじゃない、体力が余ってるんだから。だけど、年寄りで足腰も立たないで走ることもできないようなやつらは、どうしようもない。気力はあるけれど、体力がない。

内田　口は動くけれど、足が動きませんからねえ。革命は体力要りますから。

池田　日本はこれから老人が増えるから老人をどうするかというテーマで講演を頼まれて僕も話さなきゃいけないいんだけど、いい方法があるかっていうと、なかなかないんだよな。

それに今は過渡期なんだよ。僕はもう77歳だけど、あと15年ぐらいたつと、僕らぐらいのやつはみんな死ぬんだよ。

内田　団塊の世代のボリュームゾーンが一気にがさっと消えるわけですよね。それで今の高齢者問題って割とあっさり解決しちゃうような気がするんだけれど。

池田　そう。だからそこのところだけをいかにして乗り切るかっていうことだけを考えればいいわけです。

真面目な人は恒久的なインフラみたいなものを立ち上げようとするけれども、あんまりそういうことはしないほうがいいと思う。そうすると、それで動きが取れなくなっちゃうから。15年もたてば済んじゃう話だから、その間はごまかしごまかし、金でもあげて適当に頑張ってくださいっていうふうにして、なんとか過ごさせるようにしたほうが賢いと思う。

内田　ほんとにそうですよね。今の極端な逆ピラミッド状態って、別にずっと続くわけじゃない。あと15年もすれば、もう少し人口ピラミッドはまともな形になる。

池田　その15年のために法律をつくったり、あるいは何かいろんな建物を建てたりとかインフラを整備したりすると、役に立たなくなっちゃうからそれはやらないほうがいい。

内田　それこそ、先に話したベーシックインカムがいいかもしれない（笑）。

池田　そう、とにかくお金をあげて、それでなんとかするのが一番いいんだよ。

内田　老人たちにお金を配って、これで暮らしてください。無理して働かなくていいからって。

池田　それが一番いいと思います。年寄りを働かせると大変だと思う。それに働くと結構、体力を使うから長生きするんだよ。働かないでお金をもらってうちでごろごろしていれば、それでフレイル（健康と要介護状態の中間）になって歩けなくなって死んでしまうから、意欲のある人は働いたほうがいいかも。

内田　今、後期高齢者の独身者は部屋が借りられないんですよね。そういうのは法律で規制して、高齢者が一人暮らしできるようにして、ベーシックインカムを保障して、働きたければ働いていいですってしておけば、そんなにシリアスな問題は起きないと思うんですけどね。

池田　住む所があって最低限食べるだけのお金があればいい。

だから例えば75歳になったら、希望者は賃貸住宅を国が用意してあげて、例えば普通の市場レベルに比べて3分の2ぐらいの賃貸で部屋を貸してあげるから、そこにとりあえず住みなさいっていうことで住めるようにすればいい。それが一番簡単だよ。民間のアパートを借り上げて、そうすればいいだけの話だから。孤独死すると困るから、誰かが毎日1回見回るとか。
怪しいところにはボタンを押して「返事してください、生きてますか」って呼びかけるとか、そんな感じで15年やれば、だんだんいなくなるから大丈夫だと思う。
もちろん家族がいて家族が面倒をみてくれる人はその限りじゃないけれども、独身だと本当に今部屋を借りられない。
この前、僕の2年ぐらい先輩の介護分野の偉い先生が大学の特任教授だかで広島かどこかに赴任したんだけど、何が困ってるかというと、誰もアパートを貸してくれなくて住む所がないって言ってるわけ。収入はあるんだよ。だけど78歳ぐらいになると貸してくれないんだって。

内田　そうですか。ここ（都内某所の内田宅）も結構年齢的にはぎりぎりだったのかな。この部屋を借りたのが5年前なんで、そのときは69歳だったから。

池田　とにかく国はつまんないことをするよりも、そういうシステムをつくって何とか死ぬまで面倒を見ることを考えたほうがいいと思う。

内田　ベーシックインカムだけでいろいろ問題が解決しそうですね。

日本は世界に類を見ない葛藤国家であることに唯一性がある

池田　憲法はよくできていて、天皇は象徴で世俗的な権力は持っていないわけです。三権分立の法秩序の枠外にあって、法的には何の権限もない、言って見れば飾りみたいなものだ。民主主義の法治国家は主権在民で、天皇制がなくても、国家システムは問題なく動くわけだ。しかし国民は明示的な法に従ってのみ行動するわけではなく、自分が持っているコモンセンスに従って行動するのだ。そもそも、憲法や法律をすべて知っている国民なんていない。

コモンセンスというのは自分が身につけている行動規範のようなもので、共同体の構成員がほぼ同じようなコモンセンスを身につけていれば、共同体は安定するが、異なるコモンセンスを身につけている人が入り乱れていると、法でいくら規制しようとしても、あるいは規制しようとすればするほど、社会は不安定になる。現状を見れば、天皇は日本人のコモンセンスの範例の役割を持っているような気がする。

私は過激なリバタリアンなので天皇制には反対で、人々が私と同じリバタリアン的なコモンセンスを持てば、社会は一番うまく回ると思っているが、現状ではそれはとても望めそうではないので、当分は、天皇は日本人のコモンセンスの範例として、法律にはなじまない国民の精神的な統合の核という機能を担ってもらうのは悪い選択ではないと思っている。憲法に天皇制を盛り込んで、象徴にしたというのは、今にして思えばまことに賢いやり方で、少しでも世俗的な権力を与えると、戦前のように天皇を担いで、反民主主義に走る輩《やから》が出てくると思う。

しかし、国民はすべて自由で平等という民主主義の理念から見れば、天皇は特権的な存在で、国民とは言えず、基本的人権も行動の自由もないので、天皇制と民主主義は相容れない制度である。この矛盾した制度を、あえて、憲法に盛り込んだというのはなかなかすごいことで、無矛盾にこだわらずに、いいとこどりをしながらだましだましやるというのは、成熟した国家の政治戦略としては賢いと思う。まあ、日本は成熟した国家というよりも自己家畜化がもっとも進んでいる国家だというところが問題だけれどもね。しかしコモンセンスを担保しているという意味での天皇制は、天皇個人の倫理性の高さに依拠しているので、いつ崩れるかわからないという欠点があって、せいぜい50年くらいしか持たないんじゃないかと思う。

憲法にはもう一つ、戦争放棄という項目があって陸海空軍その他の戦力はこれを保持しない、と明記されている。現状ではこれは完全に無視されていて、日本は相当な戦力を持っている。これは憲法の規定に矛盾するが、憲法のおかげで、戦力の増強にある程度の歯止めがかかっていることはたしかで、憲法を現状と矛盾しないように変えると、軍備の増強が止まらなくなる。軍事産業と政治家はもうかっても、一般国民の富は軍事産業に吸い上げられて、貧民化して不満が溜《た》まるだろう。国民の不満が溜まれば、政権の内部からは、仮想敵国をつくって不満のはけ口にしようとの動きが必ず出る。そうやって戦争は起こるのである。

また、現在の国際情勢の下では、アメリカの属国の日本は、アメリカがどこかと戦争を始めれば、アメリカの片棒を担がされる危険性のほうが大きいので、憲法を盾にとって、最低限の防衛力以外の戦力は持たないほうがむしろ安全だと思う。戦力に関しては憲法と現状は矛盾しているが、矛盾しているのは決して悪いことではなく、無矛盾にしてすっきりさせても、それで国民が幸せになるわけではない。戦争放棄と防衛という相反する理念の間で葛藤して、その時々の最適解を探す努力が国民を幸せにする道だろう。

外国から攻められたらどうするのかという意見が必ず出るが、軍事力が弱ければ攻められないように外交努力をするはずで、なまじ軍事力があると、戦争を厭《いと》わなくなるので、そっちのほうが危険である。軍事費を国民の福祉に使うメリットと、外国から攻められるデメリットを秤《はかり》にかけて、その時々の国際情勢を見て、アド・ホックに判断するしかないのだ。それが外交であり、政治なのだ。

軍事力を持たないと攻めてこられるというけれども、丸腰の国家を占拠してうまく統合するのは、実はものすごく大変で、コストがかかるので、そう簡単に攻めてくることはないと思う。外国に攻められて死ぬより、食料自給率が38％の今の日本では飢えて死ぬ確率のほうが高いと思う。

内田　池田先生のご意見に僕はほぼ全面的に賛成なんです。天皇制は今のところは天皇個人の属人的な道義性の高さのおかげで支持されていますが、問題は池田先生がおっしゃるように、それが個人の資質に依存しているところですよね。次の天皇がこの二代の天皇のような「明君」であるかどうかはわかりません。でも、そこまで心配しても仕方がないと思うんです。

だって、象徴天皇制というのは日本国憲法ができてからまだ三代80年しか経験していないんですから。とりあえず80年間はうまく行った。それをなんとか続けるしかないと思うんです。恒久的に安定的な天皇制を構想しろと言ったって無理なんです。恒久的に安定的な政体を持ってる国なんかどこにもないんですから。「とりあえず」うまく行ってるなら、それを一日ずつ引き延ばすしかない。

核兵器ができて、核戦争で世界が滅びるような体制ができてから、こちらも80年経っていますが、さいわい今のところ核戦争は起きていない。それは「絶対に核戦争が起きない体制」を人類が構築したからじゃない。核兵器はあるけれど、それが使われない日を一日ずつ延ばしてきただけです。ただの「先延ばし」であって、根本問題は少しも解決してないじゃないかと憤る人がいるかもしれませんけれど、人類を何度も滅ぼすことのできる兵器の使用をとりあえず80年間自制できたというのは、評価すべき達成だと僕は思います。80年といったら、人によっては「一生」分の時間なんですから。
そういうものだと思うんです。「さしあたりの最適解」を日めくりカレンダーをめくるように一日一日使い延ばしてゆく。僕はそれでいいと思うんです。これまで起きた悲惨な戦争とか過酷な粛清というのは、全部「一気に最適な政治体制を作ろう」という焦りから生まれたものですから。スターリンも毛沢東もポル・ポト（カンボジアの独裁者）もそうでしょう。「これですべてがうまくゆく」という「最終的解決（the final solution）」をめざしちゃいけないんです。うまくゆかなくても、その「うまくゆかなさ」を受忍限度内に収めることができれば、以《もっ》て瞑《めい》すべしですよ。

よく言うんですけれど、民主政というのはメンバー全員が賛成する政策を採ることができない制度なんです。誰かが「オレの言い分が全部通った」と高笑いし、他の人間が地団太踏んで悔しがるというようなものごとの決め方をしちゃいけない。全員が同じ程度に不満というところが「落としどころ」なんです。会議に出た人間がみんなちょっと口をへの字に曲げて会議場から出てくるというのが民主政においては「いいこと」なんです。不満を同じレベルに調整するという計量的な知性を要求するのが民主政なんです。僕が「市民的成熟」と呼んでいるのは、そのことなんです。

戦力についても同じです。ある程度の自衛的な軍事力は持たなければいけないということは、日本国民のほとんどは同意していると思うんです。でも、できるだけ戦争はしたくない。戦争をするための軍隊を持ちながら、戦争はしたくないというのは「矛盾している」と言われるかもしれませんけれど、そうなんです、矛盾しているんです。

でも、矛盾しているから「決然と何のためらいもなく戦力を行使する」ということができない。他方「非武装中立」という極論も広がらない。この「どっちつかず」というのは決して悪いことじゃないと僕は思っているんです。「ならずもの国家」と「非武装中立の平和国家」という二つの極の間にスペクトラム（範囲）が広がっていて、すべての国はそのどこかにいる。そのスペクトラムのどこに立つか。

それは、池田先生がおっしゃるように、そのつどの歴史的与件に即して「アド・ホック」に選択するしかないのです。そして、そのときに適切な立ち位置を選ぶためには、成熟した政治的知性が要る。「どっちつかず」だからこそ、適切な立ち位置の選択のためにつねに政治的知性をフル回転させていなければならない。それでいいと思うんです。

武道では「機を見る　座を見る」ということを言います。「いるべきときに、いるべきところにいて、なすべきことをなす」という教えです。「このときなら絶対大丈夫」という機もないし、「ここにいれば絶対大丈夫」という座もないし、「こうすれば絶対大丈夫」という所作もない。その場で即興的に決めなければならない。いてはいけないときに、いてはいけない場所にいて、してはいけないことをすると命を落としますから。だから「機を見る　座を見る」ことのできる能力を養う。この考え方は正しいと僕は思います。

「理想的な政治体制を作れば未来永劫に天下泰平」なんていう魔術的な解は存在しません。手持ちの不出来な政体を、ちょっとずつ手直ししながら使い延ばすしかない。

僕たち日本人の場合は、天皇制と立憲デモクラシーの葛藤をまっすぐに引き受けて、世界に類を見ない道義的でかつ民主的な政体をめざせばいい。この向かうべき方向さえ見誤らなければ、なんとかなると思います。

おわりに

内田樹

こんにちは。内田樹です。最後までお読みくださってありがとうございます。

池田清彦先生とは養老孟司先生が主宰する「野蛮人の会」ではじめてお会いしました。もう20年くらい前だと思います。「野蛮人の会」というのは僕が勝手に命名しているだけで、そういう名前の会があるわけではありません。最初に養老先生のご招待で「ふぐ」をごちそうになったときに、同席している人たちについて「先生、この人たちをどういう基準で人選されたんですか?」と伺ったら養老先生が「全員、野蛮人てことだろう」と呵々大笑されたことにちなんでおります。

その中に池田先生もいて、賑やかにお酒を飲んで、ふぐを食べて、大声で笑っていました。池田先生とはそのときにはじめてお会いして、「なんだかやたらに楽しそうな人だな」と思いました。それから養老先生の招集する会で毎年お会いするようになりました。

あるとき、池田先生とおしゃべりしていたら、池田先生が「養老さんは内田さんのこと『内田さん』て呼ぶだろ? でも、オレのことは『池田君』て呼ぶんだよ」と言って実にうれしそうに笑ったのを覚えています。なるほど、見渡すと「野蛮人の会」で養老先生から「君」で呼ばれているのは池田先生だけなんです。2人の距離感は特別なんだなと思って、すごく羨《うらや》ましくなったことを覚えています（もちろん、池田先生は僕を『うらやましがらせる』ためにそう言ったのです。ぐむむ）。池田先生はそういう「少年」ぽい人なので、おしゃべりしていると、なんだかこちらも大学生に戻ったような気になります。

それから二人で対談を何度かすることになりました。池田先生の話はどんどん暴走するのですけれど、僕も「話をまとめる」とか「わかりやすい結論に落とす」ということにはぜんぜん興味がないので、たいてい2人して話をさんざん散らかしたまま、「おや、時間となりました」で終わってしまいました。企画した人には申し訳ないけれど、こればかりは性癖なので仕方がありません。

だから、この本の企画が持ち込まれたときにも「大丈夫かしら」と思いました。編集者には「こんな本を作りたい」という何らかの心づもりがあってのことなのでしょうけれど、たぶん「そんな本」にはならないと思ったのです。実際、企画書に書いてあることとはぜんぜん違う話を2人でしゃべっているうちに規定の時間を使い果たしてしまいました。でも、こうやって文字起こししてみると、それなりにまとまった対談になっていたので、ほっとしました。

「まえがき」で池田先生が書いてくださっているように、先生と僕の意見が合うのは、「アド・ホック」ということについてです。

ad hoc はラテン語原義は「これのために」(for this) で、「とりあえず」とか「その場限りの」という意味で使います。本邦の表現に言い換えると「臨機応変」です。

僕は関西弁でいう「イラチ(せっかち)」です。それも「病的な」と形容がつくほどのイラチです。だから、無駄なことで時間を費やすことができません。そういう病的イラチの人間がたどりついた実践的な教訓は「複雑な話は複雑なまま扱うほうが話が早い」ということです。

誤解している人が多いのですが、「複雑な話を簡単」にするとたいていの場合、「話が遅く」なります。複雑な現実を無理やり簡単なスキームに押し込めば、たしかに話が簡単になったようには見えますが、現実は相変わらず複雑なままです。そのうち現実は「簡単なスキーム」ごと吹き飛ばして、一層複雑なものになって再帰してくる。そういうものなんです。話を簡単にした分だけ結果的には無駄をしたことになる。僕はそういう無駄ができない人なので、いきおい「話を複雑にしたまま話を進める」ことになります。

話を複雑にしたまま話を進める場合でも、「複雑な話」にちょっとガムテープを貼ったり、糸で縫ったり、ホッチキスで止めたりということはします。そういう手当をしておかないと「複雑な話」は持ち運びできませんからね。でも、それはあくまで「一時しのぎ」であって、長持ちはしない。だから「アド・ホック」なんです。でも、そういう「その場しのぎ」を続けているうちに、複雑な話の複雑さを保ったまま、けっこうな距離を踏破することがあります。

そして、そうやって時間稼ぎをしているうちに話を複雑にしていた要素のうちのいくつかがなくなるということが起きます。事態を紛糾させていた人物が死ぬとか、支配的だったイデオロギーが飽きられるとか、磐石に思えたシステムが壊死《えし》するとか、いろいろです。話を簡単にしたがる人たちはこの「一定の時間複雑なまま放っておくと、いつのまにか自然に問題が簡単になっていることがある」ということにあまり気づいていないようです。

話を簡単にしたがる人は、「まず話を簡単にして、そこから複雑な話に進む」ということが知性の働きだと思っているようですけれども、それは違います。複雑な話の複雑さを毀損《きそん》しないまま、それを「ペンディング」する作法を工夫するところに知性は発揮される。僕はそう信じています。

例えば、レヴィナスの「他者」という哲学的概念はきわめて難解であり、意味がよくわかりません。だから「レヴィナス哲学を論じるにあたって、まずキーワードを一意的に定義しようではないか」というようなことを言われるととても困ります。そんなことできるはずがない。何十冊からレヴィナスを読み込んだあとに、ようやくその概念の手触りがわかるような難解な概念については、「ペンディング」しておくほうが話が早いんです。だから、「まあ、『他者』と言ったらとりあえず『他の人』だわな」くらいのアバウトな了解にしておいて、じゃんじゃんレヴィナスを読んでいくほうが話が早い。

これが池田先生の言われる「アド・ホック」の骨法だと僕は理解しております。「まあ、とりあえず……だわな」で話を進める。

本書では、日本が天皇制と立憲デモクラシーという二つの両立しがたい統治原理をなんとか折り合わせていくためにはどうしたらいいのかという話が重要なトピックの一つとなっていますが、こういう複雑な問題については「これが正解」というシンプルな解を提示してみせてもあまり意味がありません。

例えば天皇制は「是か非か」について「まずこれを決してから、次にその具体的手順について話を進めよう」と言っても、無理なんです。「天皇制を廃止する」ことについての国民的合意を形成しようとしたら、膨大な政治的リソースをこのために投じなければならない。それ以外の政策的課題をぜんぶ後回しにして、ひたすら「天皇制は是か非か」を論議しなければならないし、結果によっては深刻な国民的分断を招きかねない。

僕はそんなことをしている余裕は日本にはないと思っています。そんな暇があったら、それ以外の、具体的に日本のためになること（食糧とエネルギーを自給するとか、地方移住・地方分権を進めるとか、学術的発信力を高めるとか）を優先的にしたほうがいい。

ものごとには優先順位というものがあります。火事の現場で「なぜ火事は起きたのだろう」と熟慮する人間も、「被災者たちを慰藉するために私たちは何をすべきだろう」と熟慮する人間も消火活動の邪魔になります。そういうときは、「いいから火を消すの手伝えよ」と言われる。火事の原因を究明することも、被災者を支援することも、たいへんに大切なことではありますけれど、現場では「火を消す」ことが優先する。

「アド・ホック」というのは「その場しのぎ」というだけの意味ではありません。「とりあえず」とか「さしあたり」とかいうことがきっぱりと言えるためには「ものごとの優先順位」がわかっていないといけない。これはきわめて叡智《えいち》的な営みなのです。

池田先生と僕がこの対談の中で話していることは、よく読むとわかって頂けると思いますが、「とりあえず」なすべきことと、なぜその優先順位が高いのかをめぐっています。ほとんど「それだけ」しか話していないと言ってもいいくらいです。

ということは、この対談の中で僕たちは「一般論」をほとんど語っていないということです。「一般論として正しいこと」は基本「無時間モデル」です。「一般論として正しいこと」はたいていの場合、手持ちの時間が有限であること、手持ちの知的資源が有限であることを勘定に入れていません。そして、僕たちは「有限」ということが気になって仕方がない人たちなんです(池田先生のお得意な「オレはもうすぐ死んじゃうけどね」というのは使える時間と資源が「有限」であるから、それを投じる先の「優先順位」の決定が大事であることを強調するために繰り返されているのです)。

われわれはいわば冷蔵庫にある「賞味期限ぎりぎりの豚肉とキャベツともやし」で何が作れるかというようなことを話し合っているのでありまして、それは「金と時間がたっぷりあるとこんなに美味しい料理が食べられます」というのとはぜんぜんレベルの違う話なんです。

おっと、どうすれば話を早くできるかを縷々《るる》説明していたら、すっかり話が長くなってしまった。老人の話は長くなっていけませんので、もうこれで終わりにします。

最後になりましたが、あちこちへ逸脱する話をなんとかとりまとめてくださった近藤碧さんのご苦労ご心労にお礼とお詫びを申し上げます。長い時間とりとめのないおしゃべりのお相手をしてくださった池田清彦先生のご海容にも伏して感謝申し上げます。また遊んでくださいね。

[著者プロフィール]
池田清彦（いけだ・きよひこ）
1947年、東京都生まれ。生物学者。東京教育大学理学部生物学科卒、東京都立大学大学院理学研究科博士課程生物学専攻単位取得満期退学、理学博士。山梨大学教育人間科学部教授、早稲田大学国際教養学部教授を経て、現在、早稲田大学名誉教授、山梨大学名誉教授。高尾599ミュージアムの名誉館長。生物学分野のほか、科学哲学、環境問題、生き方論など、幅広い分野に関する著書がある。フジテレビ系『ホンマでっか!? TV』などテレビ、新聞、雑誌などでも活躍中。著書に『食料危機という真っ赤な嘘』（ビジネス社）、『多様性バカ』（扶桑社）、『人間は老いを克服できない』（角川新書）、『SDGsの大嘘』（宝島社新書）など多数。また、『まぐまぐ』でメルマガ『池田清彦のやせ我慢日記』（http://www.mag2.com/m0001657188）を月２回、第２・第４金曜日に配信中。

内田樹（うちだ・たつる）
1950年東京都生まれ。神戸女学院大学名誉教授。神戸市で武道と哲学のための学塾「凱風館」を主宰、合気道凱風館師範（合気道七段）。東京大学文学部仏文科卒、東京都立大学人文科学研究科博士課程中退。専門は20世紀フランス文学・哲学、武道論、教育論。主著に『ためらいの倫理学』（KADOKAWA）、『レヴィナスと愛の現象学』（文春文庫）、『寝ながら学べる構造主義』（文春新書）、『先生はえらい』（ちくまプリマー新書）など。第六回小林秀雄賞（『私家版・ユダヤ文化論』文春新書）、2010年度新書大賞（『日本辺境論』新潮新書）、著作活動全般に対して第三回伊丹十三賞を受賞。近著に『街場の身体論』（エクスナレッジ）、『勇気論』（光文社）、『図書館には人がいないほうがいい』（アルテスパブリッシング）など。

国家は葛藤する

2024年11月14日　　第１刷発行

著　者　池田清彦　内田樹
発行者　唐津隆
発行所　株式会社ビジネス社
〒162-0805 東京都新宿区矢来町114番地
神楽坂高橋ビル５階
電話 03(5227)1602　FAX 03(5227)1603
https://www.business-sha.co.jp

カバー印刷・本文印刷・製本/半七写真印刷工業株式会社
〈装幀〉中村聡
〈本文デザイン･DTP〉茂呂田剛（エムアンドケイ）
〈営業担当〉山口健志　〈編集協力〉近藤碧

ISBN978-4-8284-2672-3